Os Índios antes do Brasil

Carlos Fausto

Os Índios antes do Brasil

4ª reimpressão

ZAHAR

Jorge Zahar Editor Ltda.
rua Marquês de S. Vicente 99 – 1º
22451-041 Rio de Janeiro, RJ
tel (21) 2529-4750 | fax (21) 2529-4787
editora@zahar.com.br | www.zahar.com.br

Grafia atualizada respeitando o novo
Acordo Ortográfico da Língua Portuguesa

4ª reimpressão: 2014

Capa: Carol Sá e Sérgio Campante
Ilustração da capa: Guache sobre papel canson
de Fábio Antônio Demétrio, índio tikuna.
(Selecionado a partir de um conjunto
de desenhos feitos pelos Tikuna, especialmente
para esta edição)
Vinheta da coleção: ilustração de Debret
Composição: TopTextos Edições Gráficas

CIP-Brasil. Catalogação na fonte
Sindicato Nacional dos Editores de Livros, RJ

Fausto, Carlos, 1963-
F272i Os índios antes do Brasil / Carlos Fausto. — Rio de Janeiro: Zahar, 2000.

il.

Apêndice
Inclui bibliografia
ISBN 978-85-7110-543-0

1. Índios da América do Sul – Brasil – História. 2. Brasil – História – Até 1500. I. Título.

CDD: 980.41
10-3554 CDU: 94(=87)(81)

Sumário

Créditos das ilustrações

Mapas

Mapa 1. Adaptado de *Handbook of South American Indians.* Bulletin of the Bureau of American Ethnology 143, Smithsonian Institution, 1949, vol.5, p.670

Mapa 2. Adaptação de Irving House, *The Tainos.* New Haven, Yale University Press, 1992

Mapa 3. Bacia do rio Amazonas

Mapa 4. Adaptado de Michael Heckenberger in Adauto Novaes (org.), *A outra margem do Ocidente.* Rio de Janeiro, Funarte/Companhia das Letras, 1999, p.141

Mapa 5. Área de ocorrência do cerrado

Mapa 6. Expansão pré-histórica dos Guarani e Tupinambá (segundo Brochado, 1984)

Caderno de ilustrações

1. Urna com decoração excisa. Aterro Fortaleza, Marajó.

2. Maloca no rio Aiari, Alto Rio Negro. Foto de Theodor Koch-Grünberg, 1903

3. Ritual intertribal no Alto Xingu. Foto do autor, 1998

4. Aquarela de Joaquim Freire (1787), desenhista da *Viagem Filosófica* de Alexandre Rodrigues Ferreira

5. Vista aérea de uma aldeia xavante no rio das Mortes. Foto de Helmut Sick, década de 1940. Arquivo Museu do Índio

6. Índios Aikaná (RO) praticando *headball.* Comissão para o Estudo das Jazidas Auríferas do Urucumacuam. Foto de Victor Dequesh

7. Iatora, falante de língua tupi-guarani. Foto do autor, 1989

8. Índio Bororo. Foto de Heinz Foerthmann, 1956. Arquivo Museu do Índio

Introdução

Imagine-se nas Américas no momento de sua "descoberta". Imagine-se um membro da expedição de Colombo deixado, em 1492, na ilha de Hispaniola. Imagine que, trazido ao continente, você teve tempo de conhecer a América do Sul, de ponta a ponta, antes de Cabral aportar por aqui. O que teria visto? Como viveriam os índios? Quantos eram? Como se organizavam? Como eram suas aldeias? Quem eram seus chefes e especialistas religiosos? Como conduziam a guerra e cultivavam a paz? Estas são algumas das perguntas que este livro pretende enfrentar.

A tarefa não é fácil, pois você, leitor, se aqui esteve antes de Cabral, não nos deixou nenhum escrito. Para conhecer os índios antes do Brasil temos que recorrer às evidências fornecidas pela arqueologia e pela linguística histórica, conhecer as descrições legadas pelos colonizadores e missionários dos séculos XVI e XVII e estudar as populações indígenas contemporâneas. Mas nem assim estamos em terreno seguro. As áreas tropicais colocam obstáculos consideráveis à arqueologia.

Os solos ácidos e as intempéries naturais destroem boa parte dos registros da presença humana. Tudo, exceto a pedra trabalhada e a cerâmica, vira pó: ossos, madeira, palha, restos de alimentos preservam-se mal. Ademais, a floresta densa esconde a maior porção dos sítios ocupados pré-historicamente. Há vastas áreas do continente que são ainda hoje *terra ignota* do ponto de vista arqueológico.

Tampouco podemos esperar respostas seguras da linguística, pois estamos longe de esgotar as tarefas de descrição, comparação e classificação das línguas indígenas, que são básicas à reconstrução histórica. Quanto aos escritos dos primeiros séculos da colonização, além de lacunares, devem ser lidos com cuidado. É preciso interpretá-los criticamente, pois neles misturam-se os medos e os desejos dos conquistadores, que buscam descobrir ouro, catequizar os gentios, ocupar a terra, escravizar os nativos. Ademais, nenhum texto baseado em permanência prolongada entre os nativos pode ser considerado fora do contexto colonial — o Brasil de Anchieta, ao menos no litoral, já não era mais o mesmo daquele de Cabral.

Por fim, devemos considerar o que os grupos indígenas contemporâneos podem nos dizer sobre as populações do passado. Será que os sistemas sociopolíticos e cosmologias atuais guardam alguma semelhança com aqueles existentes na época da conquista? Em matéria de demografia e geografia, as dessemelhanças são notáveis: hoje há possivelmente 1/20 da população indígena de então, e a calha dos grandes rios e o litoral encontram-se reocupados por pessoas que não se identificam como índios. Por outro lado, o encapsulamento dos povos nativos em um estado nacional e sua inserção na economia de mercado trazem consequências dantes ausentes. Todavia sugiro que a etnologia pode fornecer um olhar crítico às interpretações históricas e arqueológicas. Para isso, no entanto, deve-se explorar um plano de continuidades entre o passado e o presente que nem sempre é evidente.

Tudo somado, é possível dizer que vivemos em uma ilha de conhecimento rodeada por um oceano de ignorância. Sabemos menos do que deveríamos, mas felizmente ainda podemos saber mais. Para avançar cumpre fazer as perguntas certas.

Uma visão continental

Antes de focalizarmos algumas regiões da América do Sul, é preciso ter uma visão geral do continente. Há duas razões para isso. Os sistemas sociais indígenas existentes às vésperas da conquista não estavam isolados, mas articulados local e regionalmente. Ao que tudo indica, vastas redes comerciais uniam áreas e povos distantes. Movimentos em uma parte produziam efeitos em outra, por vezes a quilômetros de distância. O comércio, a guerra e as migrações articulavam as populações indígenas do passado de um modo mais intenso do que observamos hoje.

Uma visão continental é também necessária porque muitos dos modelos sobre a pré-história e a história do continente foram forjados a partir de uma oposição entre as terras altas e as baixas. De um lado, a grande formação montanhosa andina, que se ergue paralela à costa do Pacífico; de outro, todo o resto a leste (mas, principalmente, a floresta tropical). Oposição entre terrenos áridos e montanhosos, grandes escarpas, vales-oásis e costas secas, e uma floresta luxuriante, verde, densa e úmida. Nessas matas, porém, não floresceu uma civilização capaz de cultivar intensivamente o solo, domesticar animais, dominar a metalurgia e conhecer os ardis do poder; ao contrário, foi na aspereza andina que se ergueu um império, cujos traços ficaram marcados em pedra e metal.

Daí advém uma questão recorrente: por que nas terras baixas não se desenvolveram sociedades politicamente centralizadas, estratificadas e urbanas como nos Andes? A indagação ronda como um espectro a antropologia deste continente, refletindo uma visão que é contemporânea à própria "descoberta" do Novo Mundo. Os índios do Brasil foram logo caracterizados como gente sem religião, sem justiça e sem estado — uma ideia que, elaborada pela filosofia política, serviu de base ao imaginário sobre o homem natural e o estado de natureza. No século XIX, outras dicotomias somaram-se à oposição entre natural e civil — parentesco versus política, sangue versus território, status versus contrato —, constituindo um corte entre sociedades organizadas por laços de parentesco (mais "naturais") e aquelas estruturadas segundo vínculos políticos (mais "sociais").

Essa dicotomia está na base das hipóteses e questões sobre a América do Sul às vésperas da conquista. O mais influente modelo continental foi proposto pelo antropólogo norte-americano Julian Steward, na década de 1940, quando da publicação dos cinco volumes do *Handbook of South American Indians* [Guia dos índios sul-americanos, referido daqui para frente como HSAI]. Para organizar a diversidade das culturas do continente, Steward propôs classificá-las em quatro grandes tipos, hierarquizados em função do nível de complexidade. A tipologia, embora utilizando um conjunto de traços variados, fundava-se em uma associação estreita entre ecologia, modo de produção e organização sociopolítica. A esses tipos corresponderia uma distribuição geográfica determinada, conforme se vê no mapa 1.

No estrato inferior, temos os chamados povos marginais, um conjunto heterogêneo de sociedades definidas por possuírem uma tecnologia de subsistência muito rudimentar e por carecerem de instituições políticas. Seriam predominantemente caçadores-coletores nô-

Mapa 1. Mapa da Distribuição dos Tipos Culturais da América do Sul segundo Julian Steward. Em preto, os Andes Centrais; em linhas horizontais, os cacicados do mar do Caribe; em xadrez, as tribos da floresta tropical; em pontilhado, os marginais. As linhas diagonais referem-se aos semimarginais, categoria que o autor não elabora.

mades, vivendo em pequenos bandos e retirando seu sustento em ambientes inóspitos. Esses povos estariam concentrados em três áreas de campos abertos, embora com condições climáticas bastante diversas: o Cone Sul, o Chaco e o Brasil Central.

Acima dos marginais, teríamos as tribos da floresta tropical. Estas viveriam em aldeias mais permanentes, porém dispersas no território. Congregariam um número maior de pessoas do que os bandos marginais, graças à agricultura de queima e coivara e à exploração de recursos aquáticos, mas careceriam de instituições propriamente políticas. O princípio organizacional continuaria a ser o parentesco — não haveria poder político ou religioso destacado, e o panorama social seria dominado por um notável igualitarismo. Sociedades desse tipo estariam dispersas pela maior parte do continente, ocupando quase toda a Amazônia, a costa do Brasil e das Guianas e os Andes meridionais.

Na região circuncaribenha e nos Andes setentrionais, apareceria um outro tipo de formação social, caracterizada por um desenvolvimento inicial de centralização política e religiosa, estratificação em classes e intensificação econômica. Embora apresentassem tecnologia e cultura material semelhantes às das tribos da floresta tropical, Steward considerava que essas sociedades tinham ultrapassado o nível de organização social baseado apenas em laços de sangue: grupos fundados em categorias de parentesco, idade e sexo davam lugar a classes sociais e à especialização ocupacional. O poder e a religião institucionalizavam-se, levando ao aparecimento de chefes supremos, sacerdotes, templos e ídolos. O igualitarismo da floresta cedia lugar à hierarquia e ao poder.

Por fim, no topo da classificação encontramos a civilização que se desenvolveu nos Andes Centrais e na costa do Pacífico e que teve como ponto culminante o Império Inca — uma experiência expansionista que durou cerca de cem anos antes de ruir com a chegada dos espanhóis. Populações densas, sistemas intensivos de produção agrícola, criação extensiva de animais, aparelho estatal desenvolvido com formas sofisticadas de administração pública e extração de tributos, estratificação social, especialização e desenvolvimento de técnicas como a metalurgia; tudo isso faria do mundo andino uma exceção frente às outras sociedades do continente.

Essa classificação quadripartite dos povos da América do Sul está na base de uma tipologia geral dos estágios de desenvolvimento sociopolítico, proposta por Elman Service em 1962. Service designou tais estágios bando, tribo, cacicado e estado, consagrando uma sequência evolutiva até hoje influente na arqueologia. O modelo do HSAI acabou, assim, refraseado e generalizado na literatura posterior.

A discussão sobre a paisagem etnográfica do continente no momento da conquista foi dominada por essa tipologia evolucionista, realizada à sombra do estado. A própria classificação de Steward fora, na verdade, concebida de cima para baixo. O Império Inca, como o ápice do desenvolvimento no continente, acabou por definir os demais tipos por carência, levando à caracterização dos povos das terras baixas pela negativa. Com isso, restringiram-se os problemas a serem enfrentados pela arqueologia a duas perguntas básicas: será que todos os povos das terras baixas, de fato, não tinham aquilo que os incas tinham? E por que não tinham?

Como ninguém diria que houve alhures sociedades tão complexas como nos Andes Centrais, a primeira questão deslocou-se para o tipo seguinte, os cacicados. Assim, ela se traduziu em: será que só existiram sociedades estratificadas e hierarquizadas de tipo cacicado em torno do mar do Caribe e no norte dos Andes? Ou poderíamos reencontrá-las, ao contrário do que pensava Steward, em outras regiões do continente? Nisto reside uma das polêmicas mais ásperas da arqueologia americanista contemporânea, dividindo aqueles que negam e os que defendem a existência de cacicados na Amazônia pré-conquista.

Um dos pontos nevrálgicos refere-se à demografia, ou mais especificamente à densidade demográfica. Nos modelos de Service e de Steward, a cada uma das formas organizacionais corresponde um limiar demográfico, pois se supõe que o desenvolvimento institucional é uma resposta adaptativa ao crescimento populacional. À medida que a população aumenta e se adensa, novos mecanismos de integração e organização tornam-se necessários para produzir e distribuir recursos, garantir a paz interna e a defesa externa. Esse processo implica a progressiva diferenciação social e política: o igualitarismo antes prevalecente cede lugar à estratificação e à divisão entre dominantes e dominados. O motor de todo esse processo é o incremento populacional. Deste pressuposto surgiram as principais hipóteses para responder à segunda pergunta colocada acima sobre o porquê de os povos das terras baixas não terem o que os incas tinham. Como se poderia esperar, as respostas acabaram por focalizar os fatores que teriam prevenido o crescimento demográfico em áreas como a Amazônia.

Antes, porém, de chegarmos à floresta e suas rixas, vejamos o que, afinal de contas, os incas tinham que os outros não tinham.

A sombra do Inca

Não houve nada em toda a América do Sul que se compare ao desenvolvimento ocorrido nos Andes. Em 1500, o Império Inca estendia-se por cerca de 4.300km, desde o que é hoje a fronteira sul da Colômbia até o rio Maule, no Chile. A expansão começara no século XIV, e em menos de cem anos a elite incaica conseguira controlar um vasto território habitado por, talvez, 10 milhões de pessoas. O império estava dividido territorial e administrativamente em quatro cantões, que por sua vez dividiam-se em províncias. Cada cantão possuía um comandante; cada província, um governador. Esses postos eram ocupados por membros da nobreza inca, escolhidos pelo imperador, o Sapan Inca. A nível provincial, havia chefes classificados hierarquicamente de acordo com o número de casas ou famílias (unidades de tributação) sob sua responsabilidade.

A administração do estado não era sustentada pelo pagamento de impostos em dinheiro ou produtos, mas em trabalho. Cada região tinha suas terras divididas em três porções: para o Inca, para a religião e para o uso da população. Os homens adultos tinham que cultivar, durante parte do ano, os campos do estado, além de prestarem outros serviços adicionais (como servir o exército e trabalhar nas minas ou nas construções públicas). Em cada região, o governo mantinha dois depósitos (um para o produto dos campos do Inca e outro para os da religião); havia também armazéns na capital das províncias e outros em Cuzco, o centro do império. Os armazéns serviam para sustentar a nobreza, os servidores do estado, os sacerdotes e funcionários dos templos, os trabalhadores a serviço do governo, o exército e os artesãos especializados, bem como para promover cerimônias públicas. Além dos recursos agrícolas, o estado tinha hegemonia na criação de lhamas e alpacas.

Apesar da complexidade da administração do império, não havia escrita. Utilizava-se o *quipu*, um sistema baseado em cordas com nós que funcionavam como recurso mnemônico para servidores do estado, cuja função era memorizar e recontar as histórias, mitos e censos estatísticos. Para a comunicação administrativa, utilizava-se a transmissão oral de mensagens: ao longo das vias principais, em intervalos regulares, havia um posto com jovens corredores, que estabeleciam uma cadeia de informação entre as províncias e Cuzco. O território era recortado por uma rede de estradas, totalizando cerca de trinta mil quilômetros. As duas principais vias atravessavam o império de norte a sul — uma ao longo da costa, outra pelo planalto — e, junto com estradas menores, ligavam todos os seus rincões. À margem das estradas erguiam-se abrigos e armazéns com provisões, permitindo o deslocamento de grande número de pessoas.

Um administrador examina um quipu

Tal organização permitiu não apenas a expansão do império como sua relativa unificação. Um dos problemas centrais para a elite inca era administrar uma população muito diversa. Após conquistar um novo território, o estado promovia uma ampla reorganização. Fazia-se um levantamento da topografia e dos recursos da região e realizava-se um censo demográfico; a partir daí, redistribuía-se a população local, alocavam-se terras, escolhia-se uma capital provincial e implantava-se uma nova administração em moldes incaicos. Acolhiam-se os chefes locais que se submetessem, transformando-os em funcionários, e levavam-se seus filhos para serem educados em Cuzco. Designava-se um governador, proveniente da nobreza, para a região e enviavam-se colonos e administradores de outras províncias para instalar o novo sistema e disseminar o quechua, a língua franca do império.

Foi essa estrutura que caiu nas mãos de Francisco Pizarro e de um punhado de espanhóis no fatídico ano de 1532. As razões de sua derrocada são várias, e cabe aqui destacar duas. Alguns autores sugerem que, na década de 1520, a varíola já havia sido introduzida e se espalhava pelo império, causando danos em Cuzco e nas províncias. A se julgar pela grandeza dos danos causados por eventos variólicos posteriores, registrados por cronistas espanhóis, a mortalidade pode ter alcançado a casa das dezenas e até centenas de milhares de pessoas. As epidemias teriam, assim, aberto o caminho para Pizarro anos antes de ele colocar os pés no altiplano. As doenças não teriam apenas afetado a população do império em geral, mas imposto uma alta perda sobre a nobreza inca, matando inclusive o Inca, Huayna

Capac. Sua morte repentina levou a uma feroz disputa pelo poder e à guerra civil.

O sucessor legítimo era Huascar, filho de Huayna Capac com sua própria irmã; fruto de um lídimo casamento incestuoso real. Mas havia Atahualpa, filho do Inca com uma esposa secundária. Ele governava Quito, tinha participado das campanhas militares de seu pai no Equador e estava junto a ele no leito de morte. Contestando os direitos de seu meio-irmão, Atahualpa sustentava que o pai, antes de falecer, havia decidido dividir o império, conferindo-lhe soberania sobre a parte setentrional. Se resultasse apenas dos desejos e capacidades de Atahualpa, a rivalidade pela sucessão não teria prosperado. Porém ela tinha ingredientes estruturais profundos.

A razão estrutural atende pelo nome de herança dividida, um sistema de transmissão de bens e direitos implantado pelo imperador Pachakuti (1438-1471), que fora o motor das conquistas. Segundo essa regra, quem herdava o poder não tinha legado material. Quando da morte do Inca, um de seus filhos assumia a chefia do estado. Recebia o direito de governar, declarar guerras, fazer a paz, cobrar impostos, mas não recebia qualquer propriedade material. Tudo o que pertencera ao Inca morto passava para seus outros descendentes em linha masculina, que formavam um grupo social corporado denominado *panaca*. Eles eram responsáveis pela preservação da múmia do Inca e pela manutenção de seu culto. Para sermos fiéis à concepção nativa, o Inca morto, representado por sua múmia, continuava a possuir os bens e ser servido por seus descendentes.

A regra da herança dividida significava que tudo o que resultara da administração anterior — obras e conquistas — saíam da esfera do estado. A cada sucessão era preciso começar tudo de novo: o rei recém-chegado não tinha alternativa senão ampliar os limites do império, conquistando novos povos e novas terras. No início do século XVI, os Incas mortos já detinham o maior quinhão das terras e não havia mais para onde se expandir sem correr riscos insuportáveis. E não obstante a necessidade de expansão, o império já era grande demais e administrava uma população diversa demais.

Os *panacas* dos reis mortos formavam verdadeiros estados dentro do estado, enfraquecendo o poder do Inca e alimentando a rivalidade no interior da elite. A alternativa para Huascar manter sua liderança seria, portanto, reformar o sistema e enfrentar as cortes dos Incas mortos. Não foi capaz de fazê-lo. Por volta de 1530, a disputa pelo trono resultou em guerra civil. O império se dividiu em combate. Atahualpa venceu, mas não levou. Pizarro e seus homens atalharam-no em Cajamarca, quando estava a caminho de Cuzco. Capturaram-no, receberam um vasto resgate em metal precioso e, ao cabo de alguns meses, o executaram. Era o fim da trajetória expansionista de uma população que conquistara o mundo andino.

Não cabe aqui recuperar a história dessa expansão. Cumpre notar apenas que os incas não construíram um dos maiores impérios de seu tempo a partir do nada. Eles o fizeram sobre trilhas antes exploradas por outros povos, em particular em dois dos grandes centros irradiadores do desenvolvimento cultural na região: o altiplano meridional, em torno do lago Titicaca — hoje na Bolívia — e a costa norte do Peru. Nessas áreas, há indicações arqueológicas da presença de sociedades centralizadas e estratificadas desde c.1500 a.C. Muitos autores empregam o termo cacicado para caracterizá-las; em certos casos, falam em reinos, estados, e mesmo civilização ou império. A despeito das incertezas de qualquer reconstituição arqueológica e das impropriedades das categorias tipológicas, o certo é que na região andina e na costa do Pacífico assistimos ao desenvolvimento de formas sociopolíticas cujos paralelos com outras regiões da América do Sul são difíceis de se estabelecer.

Sob as altas montanhas, a natureza

A sombra monumental do Inca obscureceu durante muito tempo a floresta tropical. Julgada ao revés, por aquilo que não tinha, ela tendeu a ser vista como um lugar estéril e inóspito. Os Andes e a costa do Pacífico, ao contrário, surgiam como o principal, senão único, centro de invenção cultural no continente: lugar de origem da domesticação de plantas e animais, da manufatura de cerâmica, do uso do metal, de um sistema religioso baseado no trio sacerdote-templo-ídolo, da centralização política e da estratificação social.

O olhar de Steward construiu-se em acordo com uma visão profundamente enraizada na cordilheira em tempos coloniais. Segundo essa visão, o Império Inca teria uma fronteira intransponível a leste, ali onde se estendia uma floresta malsã e perigosa, povoada por gente selvagem de costumes animalescos. Tal versão da relação entre terras altas e sua vertente oriental foi elaborada a partir de uma visão nativa, anterior à colonização espanhola, que resultou das fracassadas tentativas de expansão inca sobre a mata tropical. Os exércitos imperiais, acostumados a percorrer grandes extensões em estradas bem providas e a lutar em campo aberto, definhavam e morriam na vegetação cerrada; perdiam-se, adoeciam, passavam fome e eram alvo fácil das setas certeiras dos guerreiros da floresta.

Os incas, e depois os espanhóis, construíram uma dicotomia entre, de um lado, formações plenamente "políticas" do altiplano e, de outro, aquelas quase "naturais" das terras baixas. A floresta seria, assim, associada negativamente às artes da civilização e positivamente aos poderes mágicos do xamanismo, oscilando entre o natural e o sobrenatural. A cultura e o estado civil, por sua vez, ficariam reservados às terras altas. Foi essa a imagem que Steward trouxe para dentro das ciências sociais. Extremamente difundida, ela nos fez ignorar que, desde um período remoto, recuando talvez ao VI milênio a.C., havia uma interação importante entre a costa do Pacífico, os Andes e a floresta tropical; e que essa interação se fez também no sentido oeste-leste, como difusão de ideias e técnicas dos Andes para a floresta.

Foram necessárias algumas décadas de pesquisas para que essa visão começasse a mudar. Até os anos 1970 ela foi dominante na antropologia do continente. Para isso contribuíram decisivamente os trabalhos da arqueóloga norte-americana Betty Meggers, cujo livro de síntese e divulgação chama-se, significativamente, *Amazonia: Man and Culture in a Counterfeit Paradise* [Amazônia: a ilusão de um paraíso]. Ao mito do *El Dorado*, da floresta como um repositório desconhecido de vida e riquezas, Meggers contrapôs a imagem de um inferno verde, cuja pobreza em recursos naturais imporia limites estreitos ao desenvolvimento das culturas nativas.

Esposando um estrito determinismo ambiental, a autora propôs que a baixa fertilidade do solo teria impedido tanto o crescimento e o adensamento populacional quanto a fixação em um mesmo local, resultando daí uma existência móvel e uma ocupação esparsa dos territórios. Ambas as características teriam determinado a estagnação dos povos da floresta tropical no estágio de tribo.

A paisagem humana na Amazônia em 1500 d.C. pouco diferiria, assim, daquela descrita pelos etnólogos do século XX, mais de quatrocentos anos depois do início da colonização. Se você, leitor, tivesse de fato chegado aqui antes de Cabral e pudesse passear pela mata com salvo-conduto, encontraria então populações pouco expressivas e relativamente isoladas, vivendo em aldeias de pequeno porte e praticando uma agricultura itinerante baseada na mandioca.

As inúmeras escavações que Meggers e seus colaboradores realizaram nos anos 1950 e 60 pareciam confirmar a hipótese de que a floresta tropical é o hábitat por excelência de sociedades simples, igualitárias e de pequeno porte. Assim, completava-se o raciocínio: nós não tínhamos o que os incas tinham porque o incremento e adensamento populacional nas terras baixas teriam esbarrado na pobreza de recursos naturais, o que inibia o desenvolvimento de formas sociopolíticas complexas.

Alguns dados arqueológicos e etno-históricos, contudo, maculavam esse quadro. As evidências adversas concentravam-se nos formadores e na calha principal do rio Amazonas. Clifford Evans e Betty Meggers, já naquela época, escavaram em duas áreas que apresentam registros arqueológicos indicativos de complexificação social (entendida, nesse contexto, como processo de intensificação econômica, diferenciação social e centralização política): a bacia do rio Napo, um formador do Solimões que nasce na cordilheira equatoriana, e a ilha de Marajó, na foz do Amazonas.

A ilha, com uma área de quase 50 mil km^2, é arqueologicamente conhecida por grandes tesos, que ocorrem em sua porção centro-oriental. Os tesos são aterros artificiais construídos em campos inundáveis, com fins habitacionais, cerimoniais e/ou funerários; elevam-se de 3 a 20m acima da atual planície, tendo em média 7m de altura. Começaram a surgir no século IV d.C. e parecem ter sido erguidos em estágios sucessivos até o século XIII-XIV. A maioria possui de 1 a 3ha, mas chegam a ter dimensões bem maiores, em particular os sítios arqueológicos formados por um sistema de vários tesos (como o de Camutins, que possui uma área em torno de 50ha).

Anna Roosevelt, que coordenou um grande projeto arqueológico na região nos anos 1980, sugere que sobre os sítios maiores erguiam-se vilas de 1 a 5 mil habitantes, chegando a 10 mil onde havia múltiplos aterros articulados entre si — uma escala que seria, definitivamente, urbana. Sua estimativa para a população total na área é de 100 a 200 mil pessoas, correspondendo a uma densidade de 5 a 10 habitantes por km^2. Estes números, contudo, devem ser lidos com cuidado, pois não sabemos sequer se os tesos foram ocupados simultaneamente e sempre para fins habitacionais.

Não são apenas os aterros, porém, que chamam a atenção dos arqueólogos. Há a magnífica cerâmica marajoara, cujo refinamento e sofisticação não têm paralelo contemporâneo na Amazônia indígena (embora o tenha com outras cerâmicas pré-coloniais, como a da chamada cultura Santarém). Os tesos contêm cemitérios, onde se encontra cerâmica policrômica (nas cores vermelho, preto e branco), ricamente decorada, com grafismos pintados ou incisos, além de apliques em alto relevo com representações de homens e animais. As peças de maior dimensão são urnas funerárias, contendo esqueletos bem-preservados. A interpretação do significado desse complexo mortuário é ainda incerta; sequer sabemos quais indivíduos eram sepultados em urnas. Haveria uma distinção entre as formas funerárias de uma elite e as de gente do comum, ou eram o sexo e a idade do morto os fatores determinantes? Estaria o sepultamento em belos potes de cerâmica associado a um culto aos ancestrais (tal qual o conhecemos nos Andes, mas que é raro na Amazônia indígena hoje)?

Urna funerária marajoara

Ainda que pesquisas futuras venham a esclarecer tais questões, parte daquele mundo nos será para sempre inacessível, pois os habitantes dos tesos desapareceram antes que pudessem ser observados. Não há quaisquer registros históricos sobre os povos que lá viveram. Para a maioria dos autores, o colapso da cultura marajoara ocorreu antes da conquista, pois não há associação entre os aterros e objetos europeus, nem datações posteriores ao século XIV.

Betty Meggers e Clifford Evans, que realizaram pesquisas arqueológicas em Marajó na década de 1950, apostavam que a decadência (manifestada pela simplificação estilística da cerâmica encontrada nos estratos superiores das escavações) teria ocorrido por causa dos limites impostos ao desenvolvimento cultural pelo ambiente amazônico. Como explicar, porém, o surgimento da cultura marajoara, onde se encontram registros que os arqueólogos costumam associar a sociedades centralizadas e estratificadas? A resposta de Meggers e Evans foi postular a migração de uma população subandina, que se assentara na foz do Amazonas nos séculos IV-V d.C, já dotada de um padrão civilizacional elevado. Ela não se desenvolvera nas planícies inundáveis, onde vicejam as gramíneas e os mosquitos, mas chegara pronta, perfeita em seu esplendor. Contudo, seguia o argumento, assim como uma cultura se desenvolve em condições favoráveis, também regride se o meio lhe for desfavorável: a partir do século XI, começaria, então, o declínio dos Marajoara. Implacável, a natureza amazônica teria determinado a involução daqueles intrusos afeitos às nascentes geladas.

Poucos especialistas, hoje, aceitam esta hipótese migratória. Primeiro, porque existem indícios de que a indústria cerâmica na ilha desenvolveu-se *in loco*; Marajó seria, assim, antes um local de invenção do que de importação cultural. Segundo, porque as datações mais antigas de cerâmica policrômica na Amazônia ocorrem em Marajó, e não próximas aos Andes; portanto, se formos postular uma difusão (e não desenvolvimentos independentes), seria mais razoável supor que esta se deu de leste para oeste. Terceiro, porque a teoria da decadência não explica como uma sociedade demográfica e culturalmente robusta poderia ter resistido durante vários séculos em um ambiente supostamente tão restritivo. E quarto, porque simplificação estilística não significa necessariamente regressão cultural, podendo resultar de uma produção em maior escala.

Marajó ainda nos reserva vários enigmas. Não sabemos, por exemplo, qual o tempo de construção de cada um dos aterros. Teriam sido eles rapidamente erguidos, com mobilização de trabalho em larga escala, ou se formaram lentamente, ao longo dos séculos, como os sambaquis do litoral? Desconhecemos também os modos de articulação entre os diferentes tesos e se existiam, dentre eles, centros político-cerimoniais. Sobretudo, restam obscuros quais foram os processos históricos que determinaram o apogeu e a queda dos Marajoara.

Nas terras baixas da América do Sul, há outros exemplos, além de Marajó, de uma arte cerâmica sofisticada (como aquelas encontradas ao longo do rio Amazonas e de seus formadores), e de sociedades que construíram extensos sistemas de aterros (como em Llanos de Mojos, na Bolívia; no triângulo de Apure, no Orinoco; ou no litoral das Guianas). Se admitirmos que a existência desse tipo de obra e/ou de cerâmica particularmente refinada *podem* apontar para sociedades mais sedentárias, centralizadas e hierárquicas do que aquelas características da chamada "cultura da floresta tropical", então os modelos de Steward e de Meggers necessitam ser revistos.

O nosso Nilo

A várzea é o calcanhar de aquiles daqueles que defendem a existência de uma limitação ambiental estrita na Amazônia. Os primeiros críticos de Betty Meggers, como Robert Carneiro e Donald Lathrap, logo apontaram a região como um desmentido à generalidade do modelo. Ali não haveria nem limitação à produção agrícola e à fixação territorial, nem escassez de proteína animal (um dos fatores considerados limitantes ao crescimento e adensamento demográfico na terra firme).*

* Em sentido técnico, denomina-se várzea a planície sazonalmente inundável que ocorre ao longo da calha do rio Amazonas e na foz de alguns de seus principais afluentes (e também na bacia do Orinoco). Essa planície é chamada aluvial porque sua superfície é formada pelo depósito, sempre renovado, de ma-

Lathrap defendia a ideia de que a Amazônia central fora um grande polo de desenvolvimento cultural: centro de domesticação de plantas e do sistema produtivo baseado na mandioca amarga, local do desenvolvimento da primeira indústria cerâmica e de estilos artísticos sofisticados. De sua várzea, tão rica quanto disputada por uma população sempre crescente, teriam partido levas migratórias que iriam povoar a América do Sul. O modelo de Lathrap baseava-se na ideia de que a combinação entre um ambiente rico e ao mesmo tempo restrito funcionaria como uma espécie de coração, bombeando população e cultura para outras áreas do continente. O crescimento demográfico, possibilitado pela abundância de recursos, provocaria competição e guerra; parte da população seria obrigada a migrar, levando consigo as realizações culturais da Amazônia central para regiões distantes.

Lathrap propunha uma visão alternativa sobre a floresta tropical, invertendo o olhar "andes-cêntrico" de Meggers e Steward. A Amazônia — pelo menos a

---

terial em suspensão transportado pelo rio. O Amazonas é um rio quimicamente rico e farto em material depositável, pois seus formadores, nascendo nas serranias andinas, descem velozmente em direção leste, erodindo as margens e carregando grande quantidade de sedimentos. Costuma-se opor a várzea à terra firme, que representa mais de 95% do território amazônico. Essa categoria é, no entanto, por demais genérica, e não dá conta da diversidade de solos e ambientes da região.

várzea — aparecia como um lugar fértil e criativo, e não mais como um ambiente esterilizante. Entre o mito do inferno verde e o do *El Dorado*, ele preferiu o segundo. Algumas de suas ideias, que pareciam implausíveis nos anos 1970, hoje ganham sustentação. A descoberta dos restos cerâmicos mais antigos das Américas no baixo Amazonas, na região de Santarém, veio reforçar a ideia de que a área possa ter sido um polo de invenção e irradiação cultural. Datada pela equipe de Anna Roosevelt, a cerâmica remonta a oito milênios, sendo cerca de 1 a 1,5 mil anos mais antiga do que aquelas encontradas no norte da Colômbia (San Jacinto) e na costa do Equador (Valdívia).

Ainda que essas inovações não tenham ocorrido na Amazônia central, e sim mais a jusante, a visão positiva de Lathrap parece hoje dominar a reflexão arqueológica. O Amazonas, com suas cheias e vazantes, converteu-se em nosso grande Nilo, como já sugeria o jesuíta Cristóbal de Acuña, em 1641: "Se o Nilo irriga o melhor da África, fecundando-a com sua corrente — o rio das Amazonas banha reinos mais extensos, fertiliza mais planícies, sustenta mais homens e aumenta com suas águas oceanos mais caudalosos."

Hoje, tende-se a pensar como Acuña. As estimativas demográficas para a várzea do Amazonas, por exemplo, saltaram dos 130 mil habitantes propostos por Steward para 1,5 milhões de pessoas (quase 15 hab/km^2), segundo cálculo de Denevan. O retorno da visão do paraíso, contudo, só se tornou hegemônico a partir dos trabalhos de Anna Roosevelt, nas décadas de 1980 e 1990. Foi então que o paradigma de Meggers começou a perder influência e a dar lugar a uma nova imagem da Amazônia pré-conquista. Roosevelt renovou os métodos e as interpretações arqueológicas na América do Sul tropical, realizando pesquisas na bacia do Orinoco e no baixo Amazonas. Sua influência é hoje notável e ultrapassa o âmbito da arqueologia, constituindo-se também em paradigma para etno-historiadores e etnólogos, com impacto profundo sobre a conceitualização das sociedades indígenas do passado e do presente.

A despeito do efeito liberador de seus trabalhos para a arqueologia regional, a autora permanece presa aos pressupostos do modelo anterior. Compartilhando o determinismo ecológico de Meggers, discorda desta quanto ao potencial do ambiente amazônico, em particular no tocante aos solos aluviais da várzea (mas também em relação à diversidade pedológica e ecológica da região).* Roosevelt sustenta que as planícies

---

* Pesquisas recentes, como as de E. Moran, apontam a necessidade de distinguir diferentes ecossistemas nas macrocategorias várzea e terra firme, conforme o solo, vegetação e padrão de drenagem. As investigações pedológicas indicam, por exemplo, maior variabilidade na composição e fertilidade dos solos amazônicos do que se imaginava, além da recorrência de extensas manchas da chamada "terra preta do índio", solo formado por deposição de refugos da atividade humana, altamente fértil.

inundáveis às margens do Orinoco e do Amazonas, ao invés de limitarem, propiciaram o desenvolvimento de formas sociopolíticas complexas. Sua hipótese inicial, baseada em pesquisa no Orinoco, era de que a introdução do cultivo do milho (um grão rico em proteínas) teria conduzido a um notável crescimento e adensamento populacional na várzea.

Embora a hipótese de mudança tecnológica não tenha sido confirmada por sua pesquisa em Marajó, a autora não alterou sua formulação sobre a história cultural amazônica. Segundo ela, a partir do primeiro milênio antes da era cristã, modificações nas atividades, escala e organização das sociedades da várzea começaram a ocorrer, com os seguintes ingredientes: incremento demográfico, intensificação da produção, especialização da produção artesanal, extensão das redes de comércio, estratificação social e centralização política. Esse processo teria levado ao surgimento de grandes cacicados complexos em torno de 1000 d.C., cujos domínios se estenderiam por dezenas de milhares de km^2, abrigando populações de vários milhares de pessoas, unificadas muitas vezes sob o comando de um chefe supremo. Essas sociedades seriam belicosas e expansionistas, com uma organização social hierárquica mantida por tributos e por uma economia intensiva, capaz de produzir e estocar alimentos em larga escala. Foi para provar essa hipótese que Roosevelt realizou o projeto de investigação arqueológica nos tesos marajoaras. Com apenas parte dos resultados publicados, é possível dizer que ainda não há evidências claras de que as sociedades construtoras dos aterros se adequavam a essa imagem. Resta saber o que suas escavações em Santarém ainda poderão nos dizer.

Embora defendam visões opostas sobre as sociedades da floresta tropical antes da conquista, Meggers e Roosevelt se assemelham por atribuírem ao ambiente, em especial à fertilidade do solo, um papel central na história cultural amazônica. Seus modelos se enquadram em uma mesma perspectiva tipológica. Roosevelt não questiona a classificação de Steward, apenas reorganiza as áreas culturais em seu interior, fazendo a várzea amazônica "subir" para a categoria dos cacicados. Sustento, ao contrário, que é preciso desconstruir a tipologia stewardiana, por mais útil que ela possa ter sido. Nossas perguntas devem visar à reconstrução dos processos pré-históricos que, em uma escala local e regional, conduziram a diversas formas de complexificação no continente.

Nesta tarefa, a etnologia pode fornecer instrumentos críticos para a interpretação dos registros arqueológicos. Contudo, muitos etnólogos e historiadores, notadamente avessos ao determinismo ecológico, adotam sem maior reflexão a nova imagem da Amazônia proposta por Roosevelt. Há hoje, como no passado, um curioso hiato entre as disciplinas: sem compreender os azares da pesquisa arqueológica, os etnólogos e historiadores tendem a adotar sua vulgata e utilizá-la como pano de fundo para seus estudos. Isso já ocorreu com o modelo de Meggers e pode vir a ocorrer agora com o de Roosevelt.

O conceito de cacicado está na ordem do dia. Para entendermos melhor seu significado, precisaremos retornar às Antilhas, onde você, leitor, foi abandonado em 1492.

No reino dos caciques

Quando Cristovão Colombo aportou na América, mais precisamente nas Antilhas, encontrou-a densamente ocupada por uma população de língua arawak conhecida como Taino. Esse povo, que seria dizimado em poucas décadas por epidemias e maus-tratos, denominava seus chefes *kasik* — termo a partir do qual os espanhóis criaram o neologismo *cacicazgo* para designar uma província subordinada a um "cacique". Portanto, cacicado é a rigor o sistema político taino. A palavra inglesa para cacicado é *chiefdom* e foi utilizada pela primeira vez como categoria tipológica em 1955, por Kalervo Oberg, em um artigo sobre tipos de estrutura social na América do Sul e Central. O autor propunha classificar as estruturas políticas da região em seis tipos: tribos homogêneas, tribos segmentadas, *chiefdoms* organizados politicamente, estados de tipo feudal, cidades-estado e impérios teocráticos.

Oberg deu aos *chiefdoms* uma definição política. Eles seriam caracterizados por um sistema de chefia centralizada; pela existência de um chefe supremo, com poder sobre os distritos e as aldeias governados por chefes hierarquicamente subordinados. Ao contrário de um estado, porém, não existiria corpo de funcionários administrativos, nem exército permanente. O chefe supremo teria poder legal para resolver disputas e requisitar homens e provisões em caso de guerra. A sociedade seria estratificada com distinção entre a nobreza (formada por chefes, seus parentes e os grandes guerreiros), os comuns e os escravos (os cativos de guerra). Como modelo desse tipo de formação, Oberg escolheu os Taino.

Em 1492, este povo dominava as Antilhas, com exceção do norte de Cuba e das ilhas próximas à costa da Guiana. Ao chegarem a Hispaniola (hoje Haiti e República Dominicana) e Porto Rico, os europeus encontraram aldeias permanentes, habitadas por 1 a 2 mil pessoas, formadas por 20 a 50 casas dispostas em torno de um praça central, onde se erguia a residência do chefe. Além dessa estrutura pública, existiam uma

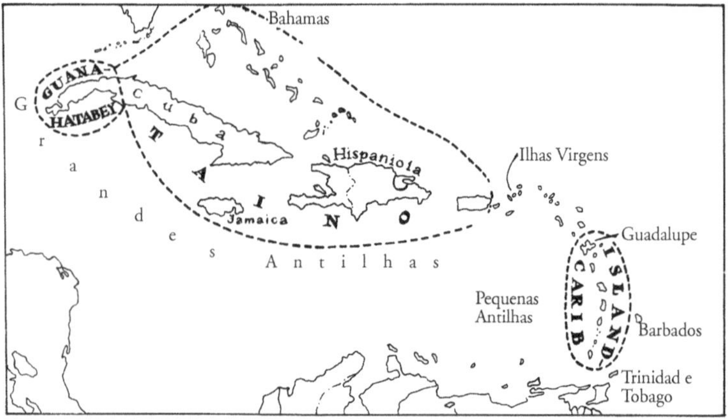

Mapa 2: Localização dos Taino no momento da conquista

área coletiva para danças e uma quadra para o jogo de bola — um esporte até hoje praticado por alguns grupos indígenas no estado do Mato Grosso, Brasil.

Segundo as crônicas da época, as aldeias estavam organizadas em distritos, governados pelo cacique local mais prestigioso; os distritos aliados, por seu turno, formariam cacicados regionais, ainda que de fronteiras pouco claras. Havia duas classes de pessoas (*nitaíno* e *naboria*), assimiladas pelos europeus à nobreza e aos comuns, respectivamente, mas não existiam escravos. Os chefes usavam adornos de ouro e pingentes em forma de máscara humana como símbolo de status. Quando um cacique morria, suas mulheres podiam ser enterradas com ele, assim como seus principais ornamentos e bens. Os nobres recebiam visitas sentados em bancos de madeira decorados, por vezes com incrustações em ouro, que os espanhóis logo associaram aos tronos da Europa. A religião girava em torno de divindades chamadas *zemi*, termo que se aplicava também aos ídolos e fetiches que os representavam. Estes eram confeccionados com material variado e podiam também ser inscritos em grandes pedras. Anualmente, realizava-se um ritual para os *zemi* do chefe da aldeia.

A agricultura taino não diferia daquela da floresta tropical em seus produtos, mas sim em suas técnicas: os cultivares eram plantados em montículos de 1m de altura por 3m de circunferência, construídos artificialmente no solo aluvial. Excelentes canoeiros, os Taino tiravam proveito do rico ambiente marinho e fluvial, além de caçarem pequenos animais no interior das ilhas. As estimativas demográficas para as Antilhas no momento da conquista são variadas. William Denevan calcula uma população de 1 milhão de pessoas em Hispaniola (cerca de 13 hab/km^2) e 2 milhões para as demais ilhas.

Foi inspirado no capítulo sobre os Taino do HSAI, escrito por Irving Rouse, que Kalervo Oberg propôs a categoria de *chiefdom*. Assim como o termo "cacique" foi generalizado pelos conquistadores para designar todo chefe indígena do continente, também o conceito de *chiefdom* extrapolou sua região de origem. Ele foi apropriado pelo discurso antropológico para designar formações sociopolíticas que possuem um centro de poder supralocal, mas não um estado. Uma categoria intermediária que Steward já antecipara ao distinguir a "cultura da floresta tropical" daquela dos povos circuncaribenhos.

Após os trabalhos de Elman Service e Marshall Sahlins na década de 60, os cacicados ganharam mundo — não o mundo contemporâneo, mas aquele das sociedades conquistadas no processo de expansão colonial europeia. A categoria passou da América quinhentista para a Polinésia do século XVIII, e daí retornou para a pré-história, servindo de modelo para os arqueólogos que estudam sociedades antigas dessas e de outras regiões do globo. Cacicado tornou-se, assim, uma categoria aberta, designando sociedades as mais diversas, cuja única característica em comum é estar "no meio de" ou "a caminho de". Consequentemente, as evidências arqueológicas tidas como indicativas da existência de um cacicado são também variadas: diferenças entre assentamentos que apontem para a existência de um centro regional; obras públicas que demonstrem mobilização de trabalho coletivo; alterações na topografia que indiquem técnicas agrícolas envolvendo trabalho intensivo; diferenças no tamanho das habitações, nos modos de sepultamento, na localização de bens de prestígio ou nas estruturas do sítio que apontem para estratificação social; artesanato refinado que expresse especialização ocupacional; grande quantidade de produtos exóticos que evidencie uma rede comercial desenvolvida e integração supralocal. Por vezes, vários desses elementos são encontrados em conjunto; porém, nem sempre isto ocorre, tornando a interpretação das escavações em termos de complexidade sociopolítica uma tarefa difícil. Tampouco há garantia de que qualquer um desses registros implique *necessariamente* a conclusão que dele se quer tirar: nada obriga que tesos sejam construídos, ou cerâmica refinada confeccionada, apenas por sociedades centralizadas e estratificadas, embora vários desses elementos juntos sejam indicações fortes de formações sociopolíticas com essas características.

O uso da categoria cacicado no contexto amazônico pode ser positivo, caso indique que algo diferente em escala, complexidade e integração existiu no passado. Devemos estar atentos, porém, para não interpretar as evidências em um molde tipológico, paradoxalmente nada complexo. Há vários modos de integração, regionalização e complexificação, e precisamos ampliar nossa imaginação sociológica para estudá-los, já que nem tudo no mundo foi feito à imagem da Europa. Advogo a necessidade de rompermos com o caráter estanque das tipologias e de pensarmos toda a América do Sul — e não apenas a várzea — em outra escala e nível de complexidade. Só assim daremos conta dos processos e formas de integração e interdependência, que deveriam atravessar o continente. Com frequência, confundiu-se o tipo com as formações sociopolíticas reais, criando uma barreira intransponível entre os Andes e as terras baixas, entre o Caribe e a floresta tropical, e entre esta e os chamados bandos marginais. Devemos nos perguntar, ao contrário, como essas áreas e seus povos se relacionavam e se constituíam mutuamente nessas relações.

Antes de continuarmos nossa viagem para além do Amazonas, passemos os olhos nas informações dos cronistas sobre a várzea.

A várzea na história

É difícil reconstruir a paisagem da várzea amazônica no início da colonização com base nas crônicas disponíveis. Os textos são desiguais, resultam de experiências diversas e foram escritos em épocas distintas. Do século XVI, dispomos apenas de relatos de duas expedições, realizadas, respectivamente, em 1541-42 e 1560-61: a crônica de Frei Gaspar de Carvajal, que desceu o Amazonas desde a confluência do rio Napo até sua foz, com a tropa de Francisco Orellana; e quatro textos de membros da expedição de Pedro de Ursua, que repetiu o feito partindo do Peru. Entre essas notícias e aquelas dos cronistas seiscentistas — como Cristóbal de Acuña (1641), Laureano de la Cruz (1653), Maurício de Heriarte (1662), Samuel

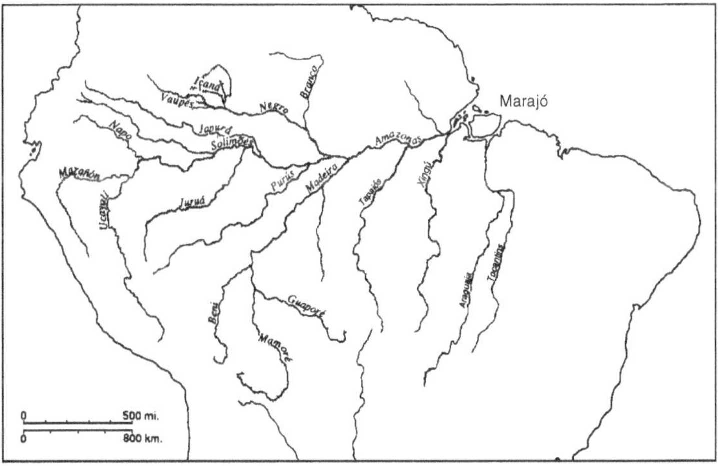

Mapa 3: Bacia do rio Amazonas

Fritz (1689) e João Betendorf (1698) — existe um hiato de informação de mais de setenta anos. Outro problema é separar o joio do trigo, pois há passagens claramente fantasiosas, como as referências ao reino das Amazonas ou ao Eldorado de riquezas infinitas. Apesar disso, em seu conjunto as crônicas fornecem informações interessantes sobre os povos da várzea nos séculos XVI e XVII.

Elas indicam, em primeiro lugar, que havia uma ocupação descontínua ao longo do Amazonas: trechos em que as aldeias se sucediam eram entremeados por faixas desabitadas. As aldeias, localizadas tanto nas margens como nas ilhas, variavam em tamanho e em número de habitações. Algumas tinham dimensões consideráveis, contando com inúmeras casas alinhadas ao longo do rio — há referências, por exemplo, a povoados que se estendiam por cerca de 7km abrigando uma numerosa população. Não existem descrições detalhadas do plano das aldeias, mas sabemos que algumas possuíam estruturas públicas, possivelmente de caráter político-cerimonial. Há referências a praças com "oratórios" e "casas de adoração" contendo parafernália ritual, que os cronistas interpretaram como evidência de uma religião idólatra e sacrificial.

As crônicas também chamam a atenção para a riqueza dos recursos naturais e para a fartura de produtos agrícolas. Falam da abundância de pescado, peixes-boi e tartarugas (as quais eram conservadas aos milhares em lagoachos artificiais, localizados junto às habitações). Há menções a roças extensas e a uma copiosa produção de milho e mandioca, alimentos dos quais os europeus precisavam se prover para seguir viagem. Em muitos casos, surpreende a capacidade dos índios em fornecer grande quantidade de comida a uma numerosa tropa.

Nem sempre, porém, a interação era pacífica. As relações com os nativos são marcadas, desde o início, pela troca e pela violência. Os cronistas, em especial os quinhentistas, descrevem a violência empregada pelos

1. Urna com decoração excisa representando provavelmente um lagarto. Aterro Fortaleza, Marajó.

2. Maloca com fachada pintada no rio Aiari, Alto Rio Negro, 1903. Observem à direita as máscaras rituais características da região.

3. Ritual intertribal no Alto Xingu, Aldeia Kuikuro (MT), 1998.

4. Índio omágua ou cambeba, assim chamado pela prática de deformação craniana. Notem em sua mão direita um propulsor de dardos, arma utilizada pelos povos da várzea amazônica em seu alto e médio cursos. Rio Japurá, 1787.

5. Vista aérea de uma aldeia xavante no rio das Mortes (MT), década de 1940. Os Xavante são um grupo de língua jê do Brasil central.

6. Índios aikaná (RO) praticando *headball*, jogo no qual os adversários têm que lançar a bola para o outro lado da quadra usando apenas a cabeça.

7. Iatora, falante de uma língua da família tupi-guarani, como os antigos Tupinambá. Notem o adorno labial talhado em madeira. Usam-se também aqueles feitos de quartzo. Aldeia Apyterewa-Parakanã (PA), 1989.

8. Índio bororo paramentado para o ritual funerário. Rio São Lourenço (MT), 1956.

conquistadores para tomar portos e saquear povoados. Por vezes, os índios recorrem a todo seu aparato bélico para repelir os invasores: flotilhas com centenas de canoas equipadas e empavesadas; guerreiros portando escudos de couro de peixe-boi e propulsores de dardos; setas envenenadas lançadas das barrancas do rio. A violência não era privilégio da relação entre europeus e nativos: os cronistas relatam a existência da guerra entre grupos indígenas e descrevem aldeias cercadas por paliçadas.

As primeiras crônicas do Amazonas fornecem, em suma, uma imagem da várzea com os seguintes ingredientes: recursos abundantes, grandes populações reunidas em povoados de dimensões consideráveis, estruturas públicas com função político-cerimonial, capacidade de mobilização de numerosos guerreiros e existência de articulação social entre diferentes povoados. Como caracterizar, então, a organização sociopolítica desses povos? Conhecemos a resposta de Roosevelt: eram cacicados complexos, com estrutura política centralizada e organização social hierárquica sustentada pela extração de tributos e por uma economia agrícola intensiva. Mas será que as fontes etno-históricas oferecem, de fato, subsídios para tal afirmação?

Comecemos pela presença — ou não — de unidades sociopolíticas de caráter regional. A estrutura de ocupação ao longo do rio sugeriu aos cronistas uma organização territorial definida, a qual eles denominaram província. Esta corresponderia a um extenso trecho densamente povoado, separado de outra província por uma zona desabitada. As fronteiras seriam marcadas também por ausência de guerra interna e presença de guerra externa, e pelas diferenças em língua, costume e cultura material. É difícil, porém, organizar um mapa geopolítico das "províncias". O etno-historiador Antonio Porro procurou fazê-lo com cuidado e conhecimento das fontes, mas a impressão ao se ler os relatos originais é de que o efeito de sistematização esconde a questão principal: a que realidade etnográfica (se alguma) correspondia a categoria província? Se aceitarmos que ela tem alguma correspondência com a realidade, faz-se necessário entender qual era a estrutura de tais unidades sociopolíticas. Será que se organizavam verticalmente, sob o comando de um cacique principal que reinava sobre chefes locais, ou haveria um sistema horizontal e reticular unindo diferentes comunidades de maneira simétrica? Seriam as províncias unidades homogêneas em língua e cultura, ou redes de interdependência entre povos heterogêneos? Nenhuma dessas questões pode ser respondida exclusivamente pelas crônicas.

Ademais, não suponho que houvesse uma única forma de governo na várzea amazônica. Maurício de Heriarte, o único português nessa história, afirma que os Tapajó eram governados por principais de aldeia, submetidos a um só principal, enquanto o governo dos Tupinambá da ilha de Tupinambarana era "bárbaro", assim como o dos Araquize da boca do Madeira, onde "quem mais pode e mais valente se mostra, mais manda, por ser mais temido". Já na foz do rio Negro, haveria um principal, "que é como o Rei", sob cujo domínio há aldeias de diversas nações, vivendo no mesmo rio a montante. Também os Cambeba teriam um rei "a quem todos obedecem com grandíssima sujeição".

A referência de Heriarte ao "rei do rio Negro" exemplifica bem quão complexa é a questão dos cacicados. A desembocadura daquele rio era um ponto estratégico no comércio pré-colombiano, pois permitia controlar uma das principais rotas ligando a bacia do Amazonas ao Orinoco. É plausível supor que ali fosse, de fato, um centro importante de poder. Além disso, as aldeias pré-históricas no baixo rio Negro parecem ter tido dimensões consideráveis: investigações preliminares realizadas por Michael Heckenberger, Eduardo Neves e James Peterson em Açutuba, cerca de 40km acima de Manaus, indicam que este sítio tem uma área de 90ha (cerca de 3km por 300m). Embora permaneça o debate sobre como interpretar grandes sítios arqueológicos na Amazônia — ora pensados como produto de múltiplas ocupações sucessivas, ora como representando uma extensa e duradoura ocupação —, Açutuba contrasta fortemente com os sítios, dezenas de vezes menores, estudados por Neves no rio Uaupés, um afluente do alto curso do rio Negro; estes se assemelham em dimensão às aldeias tukano descritas no século XX.

Por sua vez, a sugestão de uma relação hierárquica entre povos a jusante e a montante tem paralelos contemporâneos no alto rio Negro, onde há um sistema de interdependência regional formado por povos tukano, arawak e maku, articulado pelo comércio, casamento e rituais. O sistema comporta relações tanto simétricas, como assimétricas. Reconhece-se, por exemplo, uma hierarquia interna aos grupos de descendência, que se expressa idealmente na disposição das malocas ao longo do rio: os de status superior habitam a jusante de seus "irmãos mais novos", considerados inferiores. No entanto, a relação entre grupos de descendência diferentes funda-se em um princípio simétrico de aliança matrimonial, e não admite hierarquia.

Segundo Eduardo Neves, esse sistema multiétnico e multilinguístico já existia à época da conquista. Caso se estruturasse de maneira semelhante, é possível que uma mesma concepção hierárquica legitimasse a posição daqueles que, então, ocupavam a foz do rio Negro. Porém, há que se perguntar se a existência de grandes povoados e de uma população maior alterava a relação entre simetria e assimetria no sistema. Será que os povos a jusante efetivamente dominavam aqueles a montante (e qual seriam, então, os mecanismos e o conteúdo dessa dominação)? Ou teríamos um sistema igualmente aberto e fluido, sem centros regionais de poder, em que cada localidade constituía um nó de uma rede tecida pelo comércio, o casamento e a guerra?

Essas questões referem-se às relações coletivas de dependência entre comunidades dominantes e dominadas, e também àquelas entre chefes e chefiados. Precisamos entender quais as formas de legitimação do poder e de controle sobre o outro na ausência de propriedade da terra, de estruturas centralizadas para armazenamento de alimentos e/ou de meios de pagamento. O que poderia significar extrair tributos ou controlar o trabalho alheio no contexto amazônico?

Alguns autores sugerem que, no passado, havia uma distinção entre nobres, comuns e escravos. "Escravo" é um termo empregado com frequência pelos cronistas para caracterizar os cativos de guerra; a categorização respondia a interesses bem práticos: as "tropas de resgate" só podiam escravizar os índios que já fossem escravos. Acuña descreve como os portugueses que viajavam de Quito a Belém quiseram fazer uma entrada pelo rio Negro, devido "às notícias acerca dos muitos escravos que possuíam os nativos no interior deste rio". Se não os levassem, "seriam considerados homens de pouca valia, pois, tendo passado por tantas e diferentes nações, e encontrado tantos escravos, voltavam de mãos vazias". Havia, pois, bons motivos para os conquistadores verem um escravo em cada esquina.

Mas significa isso que não havia formas de subordinação envolvendo trabalho? No que se refere aos cativos de guerra, tudo indica que ou eram "adotados" pelas famílias de seus captores, ingressando na rede de obrigações de parentesco, ou eram executados ritualmente. Eles não serviam como simples força de trabalho, nem como propriedade ou riqueza alienável — o que explicaria a ambiguidade que emerge quando passam a ser incorporados ao escambo com os colonizadores. Nas palavras de Acuña: "os escravos que estes Águas [omáguas] capturam em suas batalhas servem-se para tudo o de que hajam mister, cobrando-lhes tanta afeição que até comem com eles no mesmo prato. Sugerir-lhes que os vendam é coisa a que resistem muito." O cativeiro indígena tinha um significado diferente da escravidão europeia e apontava para outro tipo de organização socioeconômica, em que as assimetrias eram traduzidas em relações de parentesco. Heriarte conta que os Tupinambá, ao chegarem à ilha de Tupinambarana, avassalaram seus naturais e "com o tempo se casaram uns com os outros e se emparentaram".

Conceitualizar as relações assimétricas de dominação e/ou dependência é um dos desafios básicos para pensar o problema do poder na Amazônia. Hierarquia e simbiose, violência e adoção também caracterizaram sistemas nativos descritos historicamente em outras regiões das terras baixas. Assim, por exemplo entre os Chiriguano e os Chané, no sudeste da Bolívia, ou entre os Guaykuru e os Guaná, no Chaco — povos para os quais jamais se sugeriu uma estrutura regional de poder.

É hora de deixar a várzea. Espero ter mostrado que as coisas são mais complicadas do que parecem. Não há dados seguros para afirmar, nem para negar, que as sociedades da várzea estavam organizadas em grandes unidades políticas hierarquizadas, socialmente estratificadas e fundadas em um modo de produção intensivo. A hipótese de Roosevelt ainda aguarda confirmação. Novas pesquisas deverão modificá-la e complexificá-la, pois ela é fruto antes de uma "projeção etno-histórica", com base na leitura seletiva das crônicas dos séculos XVI e XVII, do que de uma interpretação do registro arqueológico.

Fortes entre canais

Nessa discussão sobre a várzea, fala-se muito sobre pouco. Em dois sentidos: Primeiro, as evidências arqueológicas são ainda escassas; segundo, a várzea corresponde a uma pequena fração da Amazônia e a uma porção ainda menor das terras baixas da América do Sul. Cumpre perguntar, pois, o que se passava em outras paragens — nos interflúvios da floresta densa, nos campos do cerrado, na vastidão do Chaco, nas porções meridionais de clima temperado e na costa atlântica. Infelizmente, não posso aqui tratar de todas essas áreas. Há pesquisas em andamento na maioria delas, embora faltem investigações sistemáticas na terra firme amazônica.

Quando nos afastamos da margem dos principais tributários do Amazonas, adentramos em território arqueologicamente desconhecido; por isso, é hoje impossível oferecer uma imagem mais sistêmica e regional das configurações sociais nativas no momento da conquista. Ainda que os povos da terra firme se organizassem de forma semelhante aos grupos contemporâneos — em pequenas comunidades locais, relativamente móveis, com uma economia de subsistência baseada na horticultura, caça e pesca, e de modo igualitário e descentralizado —, a simples articulação com as áreas mais densamente ocupadas, como a várzea, teria consequências sociológicas importantes que ora desconhecemos.

Felizmente, alguns trabalhos recentes ao sul da Amazônia vêm fornecendo dados que corroboram e também complexificam a nova imagem do passado pré-conquista. A vantagem desses trabalhos é a possibilidade de postular uma continuidade entre a população pré-histórica e a contemporânea, permitindo maior integração entre etnologia e arqueologia. Isso permite modular os grandes esquemas de interpretação arqueológica, tornando-os mais sensíveis à diversidade cultural e às trajetórias históricas específicas.

Uma das áreas em questão é a dos formadores do rio Xingu, um dos principais afluentes meridionais do Amazonas, cujas cabeceiras encontram-se no planalto central brasileiro. Aí constituiu-se um sistema multiétnico e multilinguístico, culturalmente homogêneo, composto atualmente por cerca de 3 mil índios, dispersos em mais de uma dezena de aldeias, de 10 grupos distintos. De língua karibe, temos os Kuikuro, Kalapalo, Nahukwá e Matipu; da família arawak, os Waurá, Mehinaku e Yawalapiti; do tronco tupi, os Kamayurá e Aweti; e, finalmente, os Trumai, cuja língua é considerada isolada. Esses grupos de fala e origem diversas acabaram por construir um *modus vivendi* comum, constituindo um conjunto multilocal internamente pacífico, articulado por rituais, trocas de bens de valor e relações matrimoniais.

Uma das questões importantes para se compreender o sistema xinguano é como e quando ele se formou. Em linhas gerais, sua história cultural, reconstruída por Michael Heckenberger, é a seguinte. O momento inicial é a chegada, no final do primeiro milênio (*c.*900 d.C.), de uma população de língua arawak, um fato marcado pelo aparecimento das primeiras aldeias circulares na região e de uma cerâmica similar àquela hoje produzida pelos Waurá e Mehinaku. Por volta de 1400

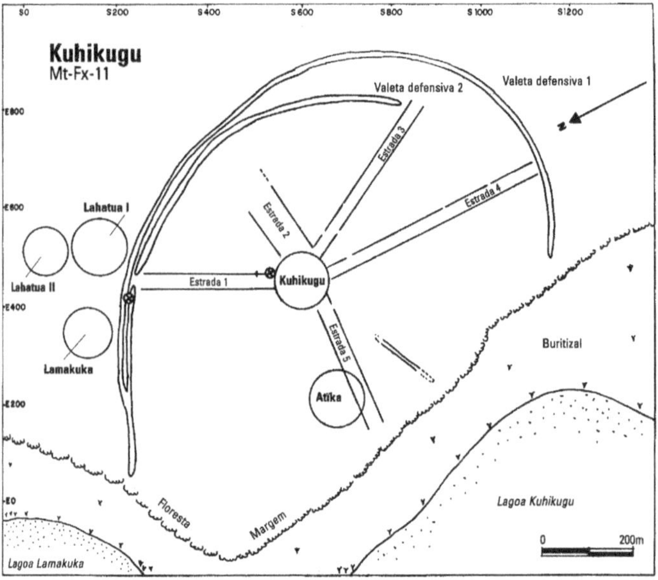

Mapa 4: Sítio pré-histórico fortificado Kuhikugu (MT-FX-11).
Os círculos representam aldeias kuikuro ocupadas nos últimos 150 anos

d.C., ocorre uma mudança de escala: as aldeias desse período têm área de 20 a 50ha e são circundadas por grandes estruturas defensivas — fossos com cerca de 10m de largura e 1 a 3m de profundidade, que se estendem por 2km em torno da área de habitação. Hoje se conhecem quinze sítios com tal sistema de defesa no Alto Xingu, mas é provável que existam outros ainda não descritos. Esses sítios pré-históricos estavam ligados por meio de caminhos bem definidos, sugerindo não apenas contemporaneidade de ocupação, como também uma interação social intensa entre as vilas fortificadas.

Tal padrão de interação assemelha-se ao que os etnógrafos observaram na região a partir do século XIX. A escala, contudo, é outra. Algumas aldeias do século XV eram quase dez vezes maiores do que as atuais (as quais abrigam entre 100 e 400 habitantes); a população local e regional contar-se-ia, pois, na casa dos milhares — uma projeção que não condiz com os modelos de Steward e de Meggers. Em termos demográficos, o Alto Xingu às vésperas da conquista parece mais próximo da várzea amazônica no mesmo período do que de sua própria situação contemporânea.

As fortificações, por sua vez, sugerem não apenas a existência de guerra em larga escala, mas também uma interação regional ampla, pois, ao que tudo indica, as aldeias xinguanas não estavam em guerra entre si. De onde vinha, então, tal ameaça? Talvez fossem povos menos sedentários e mais guerreiros, como os Tupi e os Jê, buscando entrar na drenagem dos formadores do Xingu. Pelo menos uma população, no entanto, teria conseguido ingressar e se estabelecer na região, entre os séculos XV e XVI: em torno da enorme lagoa de Tafununu, Heckenberger localizou pequenos sítios não fortificados, com estruturas circulares em seu interior, que podem ser identificadas como moradias. A semelhança formal com as casas dos povos karibe das

Guianas, bem como o fato de Tafununu ser reconhecidamente território tradicional dos povos karibe do Xingu, sugere que essas pequenas aldeias foram abertas pelos ancestrais dos Kuikuro, Kalapalo, Matipu e Nahukwá, antes de adotarem uma nova cultura e uma nova forma aldeã que os aproximariam dos povos arawak, dando início à formação do sistema multiétnico e multilinguístico do Alto Xingu.

No século XVI, as aldeias fortificadas desaparecem, possivelmente em consequência do impacto da conquista europeia. A região talvez tenha sido poupada de expedições de apresamento de escravos até um período tardio (as notícias de entradas de bandeirantes na área datam do início do século XVIII); contudo, os efeitos globais da colonização se fizeram sentir antes disso, em particular por meio da depopulação causada por epidemias. É nesse quadro de transformações profundas que o sistema cultural xinguano se consolida e absorve novos grupos que adentram a drenagem dos formadores, provavelmente a partir de meados do século XVIII. Tal formação social foi documentada pela primeira vez pelo alemão Karl von den Steinen, que liderou expedições científicas à região em 1884 e 1887.

As pesquisas no Alto Xingu reservam-nos algumas lições. A primeira é a de que a colonização, apesar de toda violência e disrupção, não excluiu processos de reconstrução e recriação cultural conduzidos pelos povos indígenas. É um erro comum crer que a história da conquista representa, para os índios, uma sucessão linear de perdas em vidas, terras e distintividade cultural. A cultura xinguana — que aparecerá para a nação brasileira nos anos 1940 como símbolo de uma tradição estática, original e intocada — é, ao inverso, o resultado de uma história de contatos e mudanças, que tem início no século X d.C. e continua até hoje.

Outra lição importante diz respeito à caracterização ecológica e social da Amazônia. O Alto Xingu encontra-se a milhares de quilômetros da várzea em sentido estrito; nos modelos tradicionais, a região insere-se na vasta e imprecisa categoria de terra firme, na qual se esperaria encontrar populações pequenas e dispersas, relativamente móveis e politicamente indiferenciadas. O sistema xinguano, contudo, não se adequa a essas previsões. Em primeiro lugar, ele é marcado por um sedentarismo consistente, baseado na horticultura de mandioca e na pesca. A abundância de recursos aquáticos na região, associada à grande produtividade da mandioca na terra firme, tornou possível a adoção de uma vida sedentária por uma população bastante numerosa, como evidenciam as aldeias fortificadas dos séculos XV e XVI. Em segundo lugar, a articulação supralocal que hoje caracteriza o Alto Xingu parece ter sido um elemento central também no passado, apontando para uma interação social muito mais ampla e intensa do que aquela sugerida pela imagem tradicional de populações isoladas e em contato esporádico. Por fim, o sistema político xinguano é atravessado por uma ideologia hierárquica, baseada na distinção entre juniores e seniores e no reconhecimento de linhas de chefia. O pertencimento a essas linhas é herdado pelo lado paterno e/ou materno e publicamente marcado pela transmissão de nomes e por rituais críticos na vida de um indíviduo — homens e mulheres com status de chefe têm, por exemplo, um sepultamento diferenciado, e só eles são comemorados na festa do Kwarup. Além disso, apenas aqueles que descendem de chefes podem almejar posições de destaque político.

Esse modelo de chefia e distinção social, contudo, não implica a existência de um centro político único no Alto Xingu. A hierarquia combina-se a uma notável autonomia política das aldeias, não havendo integração vertical entre as comunidades locais — assimetria interna e simetria externa são princípios complementares de uma mesma configuração social. Ainda não temos dados para dizer se assim era no tempo das aldeias fortificadas ou se, ao contrário teria existido uma estrutura hierárquica com diferentes níveis de abrangência (ou, ainda, uma confederação de aldeias, com institucionalização de uma esfera política intercomunitária, de tal modo que pudéssemos falar em uma província xinguana com um centro decisório).

A região dos formadores do rio Xingu possui características ecológicas particulares, as quais poderiam ter permitido o desenvolvimento destas formas sociopolíticas. Isso não significa, no entanto, que devemos explicar imediatamente o sistema xinguano, passado e presente, pela ecologia, mas sim que precisamos tentar compreender a interação complexa entre ambiente, estruturas socioculturais e uma história específica. Uma das questões instigantes nesse caso diz respeito a certas estruturas de longa duração. Como notou Heckenberger, algumas das características xinguanas — hierarquia, regionalidade, sedentarismo e acomodação interétnica — aparecem positivamente relacionadas a grupos de língua arawak em diversas partes do continente, inclusive no Alto Rio Negro — onde, como vimos, também existe um sistema de interdependência regional multilinguístico e multiétnico.

O Alto Xingu surge, enfim, como uma combinação de mudança e continuidade que pode ser lida não apenas no plano diacrônico (na história), como também sincrônico (na comparação com outros sistemas semelhantes). A longa duração xinguana sugere que a antropologia contemporânea livrou-se rápido demais das estruturas, assim como no passado havia feito com a história. Sobre as estruturas, pode-se dizer o mesmo que sobre as bruxas: pode não se crer nelas, *pero que las hay, las hay*.

A terceira margem

Continuemos nossa viagem em direção ao cerrado que, ao sul e a leste, limita a floresta amazônica. O contraste entre os ambientes é marcante. A mata é território da sombra e das tonalidades sutis; a vegetação intrincada acolhe o olhar microscópico e só a audição vara os limites do verde. Nos campos do cerrado, ao inverso, predomina a vastidão; o olhar é capturado pela sucessão de cenários grandiosos: as cores no horizonte, a chuva vindo de longe, o contraste entre o céu e o chão. Neste ambiente de vegetação rasteira e arbustiva, os povos de língua macro-jê fizeram sua morada principal.

No HSAI, os Jê encontram-se classificados como marginais, ao lado dos habitantes do Chaco e daqueles do extremo sul do continente (ver mapa 1). Segundo Steward, estes povos localizavam-se às margens das áreas ecologicamente mais ricas e representavam o estágio mais baixo do desenvolvimento cultural na América do Sul. A escassez de recursos naturais, aliada a uma tecnologia rudimentar, limitaria o tamanho e a composição das unidades políticas, bem como o desenvolvimento institucional. O protótipo dessa categoria eram os grupos caçadores-coletores, que, divididos em pequenos bandos estruturados pelo parentesco, levavam uma vida nômade. Contudo, poucos dos marginais do HSAI adequavam-se com perfeição a esta imagem. Na verdade, a categoria serviu para abrigar todos aqueles povos que não se encaixavam bem na classificação proposta.

Mapa 5: Área de ocorrência do cerrado. Em destaque os formadores do rio Xingu

O erro de Steward não resultou, porém, apenas de seus pressupostos teóricos; no caso dos Jê do Brasil centro-oriental, ele foi afetado pela mesma miopia que o fez ler a floresta tropical com lentes andinas. Steward trouxe para sua antropologia um imaginário indígena e colonial de longo prazo; desta feita, não aquele do Império Inca e dos espanhóis, mas o dos Tupinambá e dos portugueses. Os Tupi-Guarani do litoral chamavam os povos do sertão de Tapuia e os descreviam como gente bárbara, desprovida de aldeia, agricultura, canoa, rede e cerâmica (justamente os traços que iriam definir os marginais).

Essa antiga imagem de "primitividade" e "marginalidade" dos Jê não resistiu, porém, às investigações etnológicas realizadas a partir dos anos 1920. Os trabalhos pioneiros de Curt Nimuendaju e Claude Lévi-Strauss transformaram essa imagem secular sobre o sertão. Os Jê deixaram de ser vistos como caçadores nômades para serem descritos como praticantes de uma sofisticada economia bimodal, que combina períodos de dispersão com outros de agregação em grandes aldeias, estruturadas internamente por um conjunto de metades cerimoniais, por grupos etários e por segmentos residenciais. Essa estrutura não apenas permitiria a reunião de uma população numerosa em um mesmo local, como torna-la-ía necessária para o pleno funcionamento instititucional.

A categoria marginal foi a mais infeliz da monumental empreitada de Julian Steward. Uma análise cuidadosa dos materiais disponíveis à época sobre os povos centro-brasileiros e chaquenhos teria posto em jogo o arcabouço classificatório do HSAI; por isso, Steward se permitiu alguma ambiguidade, falando em formas transicionais entre a floresta e o cerrado. Em um livro posterior, os Jê já aparecem em um capítulo dedicado à floresta tropical, a seção que lhes corresponde tendo como título: "As terras altas do leste brasileiro: caçadores-coletores que se tornaram agricultores". A horticultura seria uma aquisição recente dos Jê, provavelmente importada das áreas de floresta tropical; e esta importação explicaria os desenvolvimentos institucionais, também recentes, desses povos.

Steward via o cerrado como um ambiente ainda mais improdutivo que a floresta e, portanto, como repositório de culturas marginalizadas. Os campos eram próprios aos pequenos bandos móveis sem cultivo e sem cultura. Cair no cerrado era descer um degrau na escala evolutiva do continente. As pesquisas arqueológicas recentes, contudo, indicam que, muito antes da conquista, a paisagem sociocultural do cerrado já não era mais esta. Para começar, a horticultura aí parece remontar há alguns milênios, podendo ter sido praticada antes mesmo do aparecimento da cerâmica, em torno de 500 a.C. A cerâmica primeva, conhecida como Una, domina a pré-história do centro-oeste até o século IX, quando começa a ser substituída por outras tradições, associadas ao surgimento de aldeias circulares.

Esse súbito aparecimento de assentamentos em forma de anel, a partir de 800 d.C., está provavelmente associado ao ingresso de novos contingentes populacionais na área. Não se pode descartar, porém, que sua emergência tenha resultado de um desenvolvimento local, produto da interação entre duas tradições diferentes: uma autóctone e outra migrante. Seja qual for sua origem, as aldeias aneliformes passarão a dominar o cenário do cerrado, e aparecerão cerca de um século depois, como vimos, na zona transicional do Alto Xingu. Hoje, conhecem-se mais de 150 sítios arqueológicos no Brasil central classificados como assentamentos anelares.

Tais sítios foram associados a duas tradições cerâmicas distintas, Aratu e Uru, que seriam produtos de migrações e influências diversas. Costuma-se considerar que a primeira tenha origem no nordeste brasileiro, território tradicional dos grupos macro-jê, enquanto a segunda seria proveniente da Amazônia. Aldeias circulares aratu ocorrem no Brasil central entre c.800 e 1500 d.C., em particular nas regiões das cabeceiras dos rios Tocantins e Paranaíba. A maioria delas está assentada em florestas de galerias e associada ao cultivo de milho e batata-doce; em média, possuem uma dimensão de cerca de 7ha, com um diâmetro pouco menor que 300m (a maior aldeia conhecida chega a ter mais de 20ha com um diâmetro de 500m). Já as aldeias uru são menores: sua área média é de menos de 4ha, para um diâmetro de 230m. Metade delas está localizada nos campos do cerrado e o principal produto agrícola parece ter sido a mandioca. Os sítios uru encontram-se a oeste dos aratu e ocorrem até uma data mais tardia.

Esse quadro, na verdade, é mais complexo e comporta variações locais e temporais, inclusive internas aos sítios (há, por exemplo, presença de cerâmica tupiguarani em assentamentos bastante heterogêneos e dispersos). De qualquer modo, no momento da conquista a região era dominada por povos que viviam em aldeias circulares, compostas por um a três anéis de casas envolvendo uma praça central (provavelmente com função político-cerimonial), na qual poderia ou não existir uma estrutura específica, como uma casa. Essas aldeias possuíam dimensões superiores às das atuais, e pode-se sugerir que abrigassem entre 800 e 2.000 pessoas (um número consideravelmente maior do que o sugerido por Steward para os marginais: entre 50 e 150 pessoas). Se recorrermos às informações históricas, encontraremos referências a aldeias jê com 1,5 mil pessoas — datadas do início do século XIX, quando eles já sofriam os efeitos devastadores das epidemias de varíola.

Contudo, devemos ter cuidado ao associar os povos que construíram as aldeias pré-históricas aos grupos indígenas hoje habitando a mesma região. É provável que as grandes aldeias aratu tenham sido a morada de povos de língua macro-jê; afinal, a morfologia e localização dos assentamentos, bem como o cultivo de milho e batata, são traços dos Jê que, historicamente, habitam o Brasil centro-oriental. No entanto, a tradição cerâmica aratu parece ter desaparecido antes mesmo da conquista; Robrahn González sugere que ela já estaria se esgotando em torno dos séculos X-XI, quando a cerâmica uru começa a se tornar hegemônica e se expandir para leste. Há descontinuidades tecnológico-estilísticas importantes no período pré-histórico, indicando processos de mudança e de redefinição de fronteiras socioculturais.

No período pós-conquista, tais processos estão associados aos efeitos da colonização. Irmhild Wüst encontrou uma ruptura na indústria cerâmica e nos artefatos líticos no sudeste do estado do Mato Grosso, entre os século XVII e XVIII — uma mudança que ela associa à ocupação da área pelos Bororo. Não precisamos supor, no entanto, que isso resulte de um simples processo migratório, pois a constituição dos Bororo tal qual os conhecemos etnograficamente pode ter sido o produto de uma fusão de diferentes grupos e tradições culturais *in loco*. Este é mais um exemplo sugestivo do caráter não linear dos processos histórico-culturais pós-conquista: um dos povos sociológica e cosmologicamente mais complexos das terras baixas teria emergido, enquanto grupo étnico distinto, no período colonial.

Independente do grau de continuidade entre o passado e o presente, entre os habitantes das aldeias uru e aratu e os povos descritos etnograficamente, é preciso marcar que os Jê do Brasil central apresentam uma complexidade institucional e política sem paralelos na floresta tropical, e que tal estrutura está intimamente associada à morfologia aldeã — uma morfologia que se manteve inalterada na região pelos últimos 1.200 anos. Tal complexidade, não prevista no esquema tradicional da ecologia cultural (com seus pacotes de traços associados aos ambientes), representa a terceira margem do rio tipológico do HSAI. Os Jê reúnem o que deveria estar separado: são móveis e possuem grandes aldeias; a tecnologia de subsistência é simples mas os adornos corporais são elaborados; não há chefes supremos, embora haja uma economia política do prestígio; há um desenvolvimento notável de instituições comunitárias e cerimoniais, porém estas tendem a ser basicamente não hierárquicas (ainda que encontremos assimetrias em várias partes do sistema).

Em suma, as formas de complexificação social no Brasil centro-oriental, descritas etnograficamente, escapam aos modelos tradicionais de desenvolvimento sociopolítico (como aquele da sucessão bandos-tribos-cacicados-estado). Assim também parece ter sido em tempos pré-coloniais: desde o século IX d.C., a região viu-se ocupada por sociedades que, com uma tecnologia simples e uma organização social provavelmente complexa, habitavam grandes aldeias anelares, interligadas entre si, reunindo uma população muito superior, como nota Wüst, àquela dos povos do Neolítico em outras partes do mundo. Tais fatos devem nos levar a pensar o passado do continente de um modo menos linear e esquemático. Às vésperas da conquista, este era um continente que acolhia diversas formas de articulação social, econômica e política, em escalas local e regional. É para essa diversidade e essas escalas que os modelos arqueológicos devem estar voltados.

Às margens do mar

Chegamos à última etapa desta viagem pré-cabralina. Depois de subir os Andes e descer o Amazonas, alcançamos as nascentes do Xingu e, de lá, fomos ao cerrado. Agora é pegar o caminho do mar e esperar as naus portuguesas. Antes, porém, é preciso conhecer o litoral, que de norte a sul era habitado por uma população bastante homogênea em termos linguísticos e culturais. Estamos entrando no mundo tupi-guarani, um mundo sobre o qual temos informações históricas e alguns dados arqueológicos sistemáticos.

Quando os portugueses aqui chegaram, encontraram esses índios dispersos ao longo da costa com ramificações profundas pelo interior, sempre acompanhando o vale dos rios. Eles evitavam as regiões mais áridas, assim como as altas altitudes, onde o clima é mais frio, preferindo as matas pluviais tropicais ou subtropicais. Dominavam a faixa litorânea, com exceção de alguns pontos — como o estuário do Prata, a foz do rio Paraíba, o norte do Espírito Santo, o sul da Bahia e a divisa entre o Ceará e o Maranhão, onde havia intrusões de outros povos, provavelmente macro-jê.

Com base em algumas diferenças em língua e cultura, podemos distinguir dois blocos subdividindo o conjunto tupi-guarani: ao sul, os Guarani ocupavam as bacias dos rios Paraná, Paraguai, Uruguai e o litoral, desde a Lagoa dos Patos até Cananéia (SP); ao norte, os Tupinambá dominavam a costa desde Iguape até, pelo menos, o Ceará, e os vales dos rios que deságuam no mar. No interior, a fronteira recairia entre os rios Tietê e Paranapanema.

A adaptação ao meio era caracteristicamente amazônica, baseada na agricultura de coivara, na pesca e na caça. Entre os Guarani, o milho parece ter sido o cultivar de base, enquanto os Tupinambá enfatizavam a mandioca amarga para produção de farinha. Excelentes canoeiros, ambos faziam uso intenso dos recursos fluviais e marítimos. Explorando ecossistemas ricos e diversificados, esses povos alcançaram um patamar demográfico elevado. Denevan calcula que na faixa litorânea viviam cerca de 1 milhão de Tupinambá (9hab/km^2), enquanto Pierre Clastres sugere a presença de 1,5 milhões de Guarani (4hab/km^2) na área meridional. Estas estimativas, muitas vezes superiores àquelas admitidas por Steward, devem ser vistas com cautela; faltam-nos trabalhos mais detalhados de demografia histórica, bem como o cotejo sistemático com informações arqueológicas.

A despeito das incertezas, as crônicas da época deixam claro que as populações eram muito maiores do que as hoje encontradas na Amazônia. Os dados sobre o número de índios aldeados em missões jesuíticas na Bahia ou no Paraguai; sobre o número de aldeias existentes em torno da baía de Guanabara ou na ilha do Maranhão; sobre o número de Guarani escravizados pelos bandeirantes ou de Tupinambá mobilizados em operações de guerra sugerem uma outra escala demográfica, mais próxima das estimativas recentes que daquelas de Steward.

A taxa de depopulação durante os dois primeiros séculos da colonização foi brutal. As guerras, as expedições para captura de escravos e, principalmente, as epidemias e a fome dizimaram os Tupi-Guarani. Em 1562, por exemplo, uma epidemia consumiu, em três meses, cerca de 30 mil índios na Baía de Todos os Santos. No ano seguinte, a varíola completou o serviço, matando de 10 a 12 índios por dia; um terço da população aldeada pelos jesuítas sucumbiu. Em 1564, veio, por fim, a "fome geral", pois nada se plantara nos anos anteriores. Ao findar a década de 1580, Anchieta constatava: "A gente que de 20 anos a esta parte é gastada nesta Baía, parece cousa, que não se pode crer."

A mesma história repetiu-se ao longo de toda a costa e nas matas do sul. Em 1594, os oficiais espanhóis escreviam a Sua Majestade, desde Assunção, dando conta de que "los índios [Guarani] que servían a esta ciudad están menoscabados, porque no hay ni la décima parte de los que debería haber, por várias causas y enfermedades, y también por los abusos de los españoles." A depopulação no entorno das cidades conduzia a um círculo vicioso: a escassez de mão de obra nativa nas redondezas intensificava e interiorizava as expedições de apresamento de escravos — o que, por seu turno, expunha ainda mais as populações indígenas ao morticínio pela armas e pelas epidemias.

Até recentemente, acreditava-se que os Tupi-Guarani teriam chegado à costa pouco antes da conquista — só uma expansão rápida e recente poderia explicar tanta semelhança cultural e linguística em uma população dispersa em tão amplo território. As datações arqueológicas de cerâmica associada aos Tupi-Guarani, contudo, vieram desmentir essa hipótese. Existem várias delas que remontam ao século X d.C., sendo as mais antigas do século II d.C. Na região guarani, elas se encontram nos rios Uruguai, Ivaí e Paranapanema; na área tupinambá, no baixo rio Tietê e no litoral fluminense.

Ainda que seja necessário ter cuidado ao atribuir uma indústria oleira à presença de uma população cultural e linguisticamente diferenciada, as datações arqueológicas — muitas delas compondo sequências que alcançam os tempos históricos — indicam que os antepassados dos Tupinambá e dos Guarani começaram a ocupar o sul e o sudeste brasileiros muito antes da chegada de Cabral. Cumpre, assim, formular outra hipótese para explicar a homogeneneidade encontrada entre a bacia do Prata e a foz do Amazonas. Talvez a chave dessa questão seja a continuidade da ocupação e a intensidade da interação, embora ainda não se possa descartar que a expansão para nordeste se deu próximo à conquista.

A afirmação tem consequências fortes para a discussão sobre as rotas que os proto-Tupi-Guarani teriam percorrido desde a Amazônia até o Brasil meridional. Hoje há duas hipóteses concorrentes: a primeira, mais difundida, sugere que eles deixaram seu centro de origem na Amazônia, (provavelmente entre as bacias do rio Madeira e Tapajós), atingiram o rio Paraguai e, a partir daí, ocuparam a floresta subtropical e o litoral, de sul para norte. A segunda hipótese, proposta por José Brochado, com base na análise de formas e estilos cerâmicos e na grotocronologia, inverte o sentido do deslocamento proto-tupinambá: ao invés de rumarem

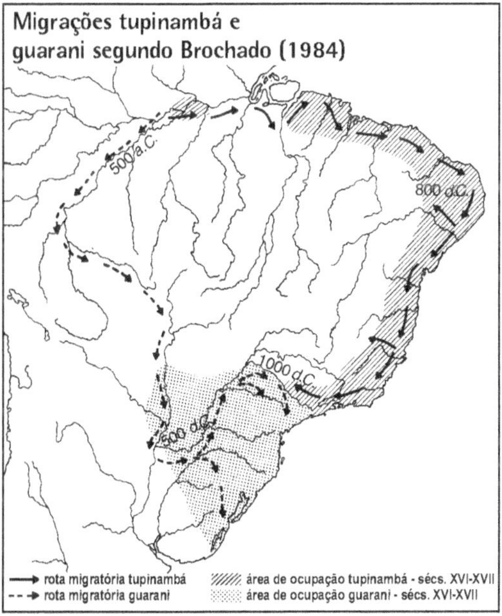

Mapa 6: Expansão pré-histórica dos Guarani e Tupinambá (segundo Brochado, 1984), e sua localização histórica (sécs. XVI-XVII)

para o sul via Madeira-Guaporé, eles teriam descido o Amazonas até sua foz, expandindo-se, em seguida, pela faixa costeira em sentido oeste-leste, e depois norte-sul, até terem sua expansão barrada pelos Guarani em São Paulo.

Essa "teoria da pinça" foi recentemente defendida por Francisco Noelli. Ele não nos oferece, porém, informações arqueológicas decisivas. Continuam faltando dados sobre a costa entre o Amazonas e o Rio Grande do Norte, assim como novas datações no litoral nordestino. A única novidade é a aceitação de datas muito antigas para a cerâmica atribuída aos proto-Tupinambá no litoral do Rio de Janeiro, o que curiosamente vai de encontro à hipótese que Noelli defende. Caso essas datas sejam confirmadas e se estabeleça inequivocamente o pertencimento dessa cerâmica à subtradição tupinambá, fica difícil crer que tenha havido uma expansão de norte para sul (a não ser que recuemos muito a cronologia desse movimento).

Embora o assunto esteja longe de ser resolvido, pelas evidências atuais parece mais plausível que os proto-Tupinambá tenham avançado de sul para norte. O centro de dispersão pode ter sido a bacia do rio Tietê, de onde teriam se irradiado para o litoral, concentrando-se por alguns séculos em uma faixa restrita entre São Paulo e o sul do Espírito Santo, antes de iniciarem a conquista, relativamente rápida, da costa nordeste. Tal hipótese, em acordo com as datações disponíveis hoje, permite explicar a homogeneidade cultural e linguística dos Tupi-Guarani no momento da conquista e o porquê de os cronistas falarem em uma ocupação recente da costa (as referências são à Bahia, Maranhão e Pará). Devemos, contudo, manter as barbas de molho, à espera de novas evidências arqueológicas.

Independente de como chegaram, o fato é que o litoral era dos Tupinambá e dos Guarani quando o

Brasil foi descoberto. Esses dois blocos, contudo, não formavam duas grandes unidades políticas regionais: estavam divididos, nas palavras dos cronistas, em várias "nações", "castas", "gerações" ou "parcialidades", algumas aliadas entre si, outras inimistadas até a morte.

Para os Guarani, entre outras designações, aparecem a de Carijó ou Cario em Assunção e na costa atlântica; Mbyasá no caminho que ligava estas áreas; Tobatí, Guarambaré e Itatí no Paraná-Paraguai; Tape nas bacias do Uruguai e médio Paraná; e Chiriguano na Bolívia. Para os Tupinambá temos Tupiniquim no litoral e planalto paulistas, Espírito Santo e sul da Bahia; Tupinambá (em sentido restrito) no vale do Paraíba, na costa do norte de São Paulo a Cabo Frio e do Recôncavo baiano à foz do São Francisco; Caeté, daí até a Paraíba, e Potiguar no Ceará, entre outros termos. No século XVII, os cronistas falam dos Tupinambá no Maranhão, Pará e ilha de Tupinambarana, afirmando serem migrantes fugindo às conquistas no litoral.

Essa distribuição das "nações" sobre o território não é uma representação acurada da morfologia sociopolítica nativa. Assim como na discussão sobre as províncias da várzea, o problema consiste em saber se de fato havia unidades sociais discretas para além da aldeia — e, em caso afirmativo, qual sua natureza. As aldeias tupinambá eram compostas por um número variável de malocas (em geral, de 4 a 8) dispostas irregularmente em torno de um pátio central, abrigando uma população de 500 a 2 mil pessoas. A distância entre os grupos locais variava em função das condições ecológicas e políticas de cada região: havia áreas de grande concentração — como a baía de Guanabara, o Recôncavo baiano, a ilha de São Luís do Maranhão — e outras menos densas. A variabilidade deveria ser a regra, e por isso é perigoso projetar dados de uma região para outra.

Várias aldeias ligadas por laços de consanguinidade e aliança mantinham relações pacíficas entre si, participando de rituais comuns, reunindo-se para expedições guerreiras de grande porte, auxiliando-se na defesa do território. As aldeias aliadas formavam núcleos de interação mais densa, nexos políticos, no interior desses conjuntos maiores, designados na literatura como Tupiniquim, Tupinambá, Temomino e assim por diante. A realidade desses macroblocos populacionais, contudo, é incerta. Não sabemos como se distinguiam uns dos outros, nem como mantinham uma identidade comum. Qual era, por exemplo, a ligação com um determinado território? Qual a relação entre os Tupinambá do Rio de Janeiro e da Bahia, ou entre os Tupiniquim de São Paulo e do Espírito Santo?

As informações dos cronistas não nos permitem esclarecer estas questões. Primeiro, porque muitas vezes são inconsistentes; segundo, porque muitas das designações empregadas não eram autodenominações (Caeté, por exemplo, quer dizer "mata de verdade", e

Tobajara, "os do outro lado"); por fim, há poucos dados sobre diferenças interétnicas, sinais diacríticos de identidade e distinções dialetais, pois os cronistas preferiram enfatizar a unidade de costume e língua. Sabe-se, no entanto, que essas denominações não designavam províncias políticas verticalmente organizadas. As fronteiras eram fluidas, fruto de um processo histórico em andamento, no qual se definiam e redefiniam as alianças. Aldeias aliadas formavam conjuntos multicomunitários, como nós de uma rede sem centro: não existia um núcleo regional, político-cerimonial, onde residisse um chefe ou sacerdote supremo; os grandes xamãs tupi-guarani, conhecidos como *karaí* ou *karaíba*, não exerciam uma força centrípeta — eram eles que circulavam pela terra, de aldeia em aldeia, profetizando e curando.

Tampouco havia chefes com poder supralocal. A estrutura da chefia era tão difusa e fragmentária quanto a das unidades sociais. Havia aldeias com um só chefe e outras em que cada maloca tinha um "principal"; um deles poderia ganhar prestígio e se fazer ouvir mais que os outros. Em tempos de paz, porém, eram equipotentes, e as decisões políticas eram tomadas coletivamente pelos homens adultos. É possível que entre os Guarani a situação fosse algo diferente; alguns cronistas espanhóis os descreveram como divididos em províncias submetidas a um cacique principal e denominaram agregados de aldeias como *cacicazgos*. Contudo, minha impressão, a despeito da possibilidade de maior territorialização e centralização político-religiosa na área guarani, é de que a gente de Castela tinha mania de províncias e cacicados, projetando reinos por onde quer que andasse.

Não havia regra mecânica de sucessão. Embora filhos de chefe tivessem maiores chances de se tornarem principais, o acesso à liderança e seu execício dependiam do longo processo de constituição das unidades domésticas, das estratégias matrimoniais e das virtudes pessoais do indivíduo. O status era conquistado, e não atribuído; era preciso ser capaz de articular uma parentela forte, ser temido e respeitado como guerreiro e ser, como os grandes xamãs, um orador eficaz. Alguns principais tinham fama e renome que ultrapassavam os limites de sua aldeia. Estes exerciam grande liderança em operações bélicas, articulando vários grupos locais. Para se ter uma ideia do contingente numérico que podia ser mobilizado, há relatos de combates armados no litoral envolvendo mais de mil guerreiros de cada lado (Jean de Léry, por exemplo, narra um confronto nas praias cariocas, entre os Maracajá e os Tupinambá, no qual só estes últimos somariam 4 mil homens). São comuns as referências a flotilhas de guerra com 50 a 200 canoas, cada qual transportando de 20 a 25 pessoas. Ainda que a aritmética de "golpe de vista" dos conquistadores fosse muito imprecisa, é certo que havia ações bélicas em larga escala.

A organização e os objetivos, porém, não eram de um exército comum. Os cronistas afirmam que o alvo imediato da guerra não era nem a conquista de território, nem o butim (não esqueçamos, porém, que os Tupi-Guarani provavelmente expulsaram, incorporaram ou mataram os grupos que habitavam previamente o litoral e que, portanto, a expansão envolveu, sim, conquista bélica). Seja como for, o motor explícito da guerra era a vingança e seu objetivo, a captura de prisioneiros — cujo destino era não a escravidão, mas a morte e a devoração em praça pública.

A execução ritual podia tardar vários meses. Nesse intervalo, o cativo vivia na casa de seu captor, que lhe cedia irmã ou filha como esposa; sua condição só se alterava às vésperas da execução, quando era reinimizado e submetido a um rito de captura. Por fim, era morto e devorado. A execução era um momento privilegiado de articulação das aldeias em nexos sociais maiores e estava ligada a concepções sobre o prestígio, a reprodução humana e o destino póstumo. Todos os cronistas chamam atenção para a centralidade da guerra e da antropofagia ritual entre os Tupinambá, e muitos deles ressaltam a ambivalência dos índios com a transformação dos cativos em bens alienáveis no comércio de escravos europeu.

A guerra e o ritual canibal eram dispositivos cruciais na articulação dos conjuntos multicomunitários tupinambá, ocupando uma posição que, em outros sistemas nativos, caberia à circulação de bens de prestígio e utilidades. Não há evidências de que as aldeias tupinambá fizessem parte de extensas redes de troca, como ocorria na Amazônia setentrional; apesar da riqueza de informações históricas, há apenas algumas referências sobre um escambo silencioso com povos do sertão, envolvendo as famosas pedras verdes (para confecção de tembetás) e penas (para confecção de adornos).

Inexistiam mecanismos políticos de acomodação, como os descritos para o Alto Xingu e o Alto Rio Negro, capazes de articular povos de diferentes línguas e culturas em um mesmo sistema de interdependência regional. Tampouco havia formas verticais de integração política, apesar de a escala demográfica dos conjuntos multicomunitários ser provavelmente superior a 10 mil pessoas. O que sobressai e merece explicação no caso tupi-guarani é a enorme fragmentação em uma população tão homogênea. A guerra não conduzia à subjugação, à escravização ou à extração de tributos por uma elite cada vez mais poderosa, que erguia monumentos consagrando seu próprio poder; ao contrário, produzia um movimento centrífugo, voltado literalmente para o consumo de inimigos — não de sua força de trabalho, mas de suas capacidades subjetivas —, sendo que tudo que deles restava eram bens imateriais: nomes, cantos e memória.

Os Tupinambá colocam, enfim, novas dificuldades para os modelos gerais de evolução sociopolítica. Há uma continuidade notável entre os Tupi do passado e os do presente, ainda que estes últimos representem apenas uma fração daqueles. É como tivéssemos uma estrutura fractal a replicar sempre a mesma forma em diferentes escalas. O que teria faltado, então, aos Tupinambá para se erguerem além do "nível tribal", com tal contingente demográfico e explorando ecossistemas tão ricos? Para uns, faltou-lhes tempo; para outros, sobrou-lhes espaço: uma maior densidade populacional e circunscrição ecológica teriam posto a evolução em movimento. Para outros, ainda, eles nutririam um horror ao estado — horror que seria materializado na figura dos grandes xamãs, os *karaíba*, que lideraram movimentos proféticos.

Mas não se pode dizer o que teria ocorrido não fosse a conquista. De todo modo, o surgimento de centralização política e integração regional verticalizada exigiria uma mudança substantiva de concepções, práticas e estruturas entre os Tupinambá e os Guarani do século XVI. Mudanças radicais, contudo, acontecem.

Por isso, limito-me a um conselho final: se até aqui você não foi devorado, nem perdeu a cabeça, aproveite e descanse à beira-mar. A praia é boa e o verão promete. Dois meses depois do carnaval, tudo vai mudar. Aí vem Cabral inventar o Brasil.

Apêndice

Classificação de algumas línguas indígenas

TRONCO	FAMÍLIA	LÍNGUA
TUPI	Tupi-Guarani	Tupinambá
		Guarani
		Parakanã
		Kagwahiv
		Tapirapé
		Kayabi
		Araweté etc.
	Tupi-Mondé	Cinta-Larga
		Gavião
		Suruí etc.
	Munduruku	Munduruku
		Kuruaya
	Tupari	Makuráp
		Tuparí
	outras...	
não reconstruído	Arawak	Apurinã
		Baniwa
		Mehinaku
		Paresi
		Waurá etc.

TRONCO	FAMÍLIA	LÍNGUA
		Akwen
		Apinajé
		Kaingang
	Jê	Kayapó
		Suyá
		Timbira etc.
		Bororo
MACRO-JÊ	Bororo	Umutina
		Karajá
	Karajá	Javaé
		Xambioá
	Botocudo	Krenák
	Maxakali	Maxakali
		Pataxó
	outras...	
		Apalaí
		Kuikuro
não reconstruído	Karib	Makuxi
		Tiryó
		Waiwai etc.

Cronologia

Referências cronológicas aproximadas
(baseadas em escavações e datações arqueológicas)

9000-8500 a.C. Mais antigas evidências de ocupação humana da Amazônia, na região de Santarém

5000 a.C. Mais antiga cerâmica do continente, encontrada na mesma região

4000-3500 a.C. Complexos cerâmicos aparecem na costa do Equador e norte da Colômbia

1500-1000 a.C. Primeiro complexo cerâmico de Marajó, conhecido como fase Ananatuba

500 a.C. Surge a primeira tradição cerâmica do Brasil central, conhecida como Una

100-500 d.C. Cerâmica associada aos povos tupi-guarani aparece no sul do Brasil

300-400 d.C. Os aterros na ilha de Marajó começam a ser erguidos; cerâmica policrômica mais antiga da Amazônia ocorre na mesma região

800 d.C. Aldeias circulares começam a dominar a paisagem do Brasil central

900 d.C. Surgem aldeias circulares na região dos formadores do rio Xingu

1300-1400 d.C. A sociedade dos aterros marajoara desaparece

1400-1500 d.C. Grandes aldeias fortificadas são construídas no Alto Xingu

1438 d.C. Início da expansão do Império Inca (segundo a história oral)

Datas históricas

1492 Cristóvão Colombo chega às Antilhas. Primeiro contato com os Taino

1500 Pedro Álvares Cabral chega ao litoral da Bahia. Primeiro contato com os Tupinambá

1519 Hernán Cortés inicia a conquista do México e do Império Asteca

1529 Após a morte de Huayna Capac inicia-se a guerra civil e o Império Inca começa a ruir

1532 Início da conquista do Peru. Francisco Pizarro aprisiona Atahualpa em Cajamarca

1541-1542 Pela primeira vez uma expedição europeia desce o Amazonas, desde o rio Napo até a foz. A jornada é descrita por frei Gaspar de Carvajal

1549 Chegam ao Brasil os primeiros jesuítas, com a comitiva do primeiro governador geral, Tomé de Souza

1560-1561 Nova expedição desce o Amazonas, sob o comando de Pedro de Ursua

1563 Epidemia de varíola assola a Bahia

1616 Após expulsarem os franceses do Maranhão, os portugueses fundam Belém do Pará e iniciam a conquista da Amazônia

1621 Irrompe em São Luís e atinge o Pará a primeira epidemia de varíola de que se tem notícia na Amazônia oriental

Referências e fontes

• "Uma visão continental" baseia-se em Julian H. Steward, antropólogo norte-americano que organizou os cinco volumes do *Handbook of South American Indians* [HSAI], publicado pelo Bureau of American Ethnology (Washington, Smithsonian Institution) entre 1946 e 1949. A referência a Elman Service deve-se a seu livro *Primitive Social Organization: An Evolutionary Perspective* (Nova York, Random House, 1962).

• "A sombra do Inca" baseia-se em "Inca culture at the time of the Spanish conquest", capítulo de John H. Rowe no volume 2 do HSAI, e no livro de Geoffrey W. Conrad e Arthur A. Demarest, *Religion and Empire: The Dynamics of Aztec and Inca Expansionism* (Cambridge, Cambridge UP, 1984). As estimativas demográficas são retiradas de William Denevan (org.), *The Native Population of the Americas in 1492* (Madison, The University of Madison Press, 1992).

• "Sob as altas montanhas, a natureza" trata do imaginário sobre as culturas da floresta tropical, divulgado pelo HSAI e pelos trabalhos de Betty Meggers e Clifford Evans, casal de arqueólogos que coordenaram o Programa Nacional de Pesquisas Arqueológicas (PRONAPA). Sobre Marajó, publicaram *Archaeological Investigations at the*

Mouth of the Amazon (Boletim do Bureau of American Ethnology 167, Smithsonian Institution, 1957). O trabalho mais recente sobre o assunto é de Anna C. Roosevelt, *Moundbuilders of the Amazon: Geophysical Archaeology on Marajó Island, Brazil* (Nova York, Academic Press, 1991).

• "O nosso Nilo" trata dos modelos sobre as culturas da floresta tropical. Para uma síntese da querela, v. Eduardo G. Neves, "Twenty years of Amazonian archaeology in Brazil (1977-1997)", *Antiquity* 72, 1998. Para um argumento, v. Robert Carneiro, "The history of ecological interpretations of Amazonia: does Roosevelt have it right?", em L. Sponsel (org.), *Indigenous Peoples and the Future of Amazonia* (Tucson, University of Arizona Press, 1995). Os textos dos protagonistas, disponíveis em português, constam das sugestões de leitura. A hipótese de mudança tecnológica encontra-se em Anna Roosevelt, *Parmana: Prehistoric Maize and Manioc Subsistence along the Amazon and Orinoco* (Nova York, Academic Press, 1980). Sobre as escavações na região de Santarém, também de Roosevelt, "Early pottery in the Amazon: twenty years of scholarly obscurity", em W.K. Barnett e J.W. Hoopes (orgs.), *The Emergence of Pottery* (Washington, Smithsonian Institution, 1995). Retirei a citação de Cristóbal de Acuña de *Novo descobrimento do grande Rio das Amazonas* (Rio de Janeiro, Agir, 1994). A referência a Emílio Moran é a *Through Amazonian Eye: The Human Ecology of Amazonian Population* (Iowa, University of Iowa Press, 1993).

• "No reino dos caciques" é baseado em Irving Rouse, particularmente em *The Tainos: Rise and Decline of the People who Greeted Columbus* (New Haven, Yale UP, 1992). O texto de Kalervo Oberg é "Types of social structure among the lowland tribes of South and Central America" [1955], in Daniel Gross (org.), *Peoples and Cultures of Native South America.* (Nova York, Doubleday/Natural History Press, 1973). Marshall Sahlins é invocado por "Poor man, rich man, big man, chief: political types in Melanesia and Polynesia", *Comparative Studies in Society and History* 5, 1963.

• "A várzea na história" baseia-se nas crônicas quinhentistas e seiscentistas sobre o rio Amazonas (para referências básicas, v. sugestões de leitura). O trabalho citado de Eduardo G. Neves é sua tese de doutorado, Paths in Dark Waters: Archaeology as Indigenous History in the Upper Rio Negro Basin, Northwest Amazon (Bloomington, Indiana University, 1998). Retirei as citações de Mauricio de Heriarte de *Descrição do estado do Maranhão, Pará, Corupá e Rio das Amazonas* [1662], in Francisco Adolfo Varnhagen, *História geral do Brasil*, tomo III (Rio de Janeiro, Melhoramentos, 1959).

• "Fortes entre canais" tem por base os trabalhos arqueológicos de Michael J. Heckenberger, em especial sua tese de doutorado, War and Peace in the Shadow of Empire: Sociopolitical Change in the Upper Xingu of Southeastern Amazonia, A.D. 1250-2000 (Pittsburgh, University of Pittsburgh, 1996).

- "A terceira margem" sustenta-se na literatura etnológica sobre os índios de língua jê do Brasil centro-oriental. Os dados arqueológicos foram retirados de Irmhild Wüst, "Continuities and discontinuities: archaeology and ethnoarchaeology in the heart of the Eastern Bororo territory, Mato Grosso, Brazil" (*Antiquity* 72, 1998); Irmhild Wüst and Cristiana Barreto, "The ring villages of Central Brazil: a challenge for Amazonian archaelogy" (*Latin American Antiquity* 10(1), 1999); Erika M. R. Gonzáles, "Os grupos ceramistas pré-coloniais do centro-oeste brasileiro" (*Revista do Museu de Arqueologia e Etnologia* 6, USP, 1996). O livro de Julian Steward é *Native Peoples of South America* (Nova York, McGraw-Hill, 1959), escrito em colaboração com Louis C. Faron.

- "Às margens do mar" baseia-se nas crônicas quinhentistas e seiscentistas sobre o litoral e a bacia do Prata (para referências, v. meu "Fragmentos de história e cultura tupinambá: da etnologia como instrumento crítico de conhecimento etno-histórico", em M. Carneiro da Cunha (org.), *História dos índios no Brasil* (São Paulo, Companhia das Letras, 1992). O artigo de Pierre Clastres é "Elementos de demografia ameríndia", in *A sociedade contra o Estado* (Rio de Janeiro, Francisco Alves, 1978). De José P. Brochado, refiro-me à tese An Ecological Model of the Spread of Pottery and Agriculture into Eastern South America (Urbana, University of Illinois, 1984). O artigo de Francisco Noelli é "As hipóteses sobre o centro de origem e rotas de expansão dos Tupi", *Revista de Antropologia* 39(2), 1996.

Sugestões de leitura

ANDRÉ PROUS, *Arqueologia brasileira*. Brasília: Editora da UnB, 1991. A mais completa síntese das informações arqueológicas sobre os povos indígenas no Brasil.

ANTONIO PORRO, *As crônicas do rio Amazonas: notas etno-históricas sobre as antigas populações indígenas da Amazônia*. Petrópolis: Vozes, 1992. Coleção de textos dos cronistas acompanhados por introduções e notas do autor. Também de Porro, *O povo das águas: ensaios de etno-história amazônica*. Petrópolis/São Paulo, Vozes/Edusp, 1996. Além de artigos sobre os povos da várzea amazônica, há uma bibliografia comentada das fontes primárias.

BETTY J. MEGGERS, *Amazônia: a ilusão de um paraíso*. Belo Horizonte/São Paulo, Itatiaia/Edusp, [1971] 1987. Uma síntese de suas pesquisas e modelo para não especialistas.

BRUNA FRANCHETTO e MICHAEL HECKENBERGER (orgs.), *História e cultura no Alto Xingu: visões antropológicas*. Rio de Janeiro, Ed. da UFRJ, 2001. Coletânea interdisciplinar sobre o Alto Xingu. Uma introdução geral à antropologia, linguística e arqueologia da região.

CARMEN BERNARD e SERGE GRUZINSKI, *História do novo mundo: da descoberta à conquista, uma experiência europeia (1492-1550)*. São Paulo, Edusp, 1997. Ideal para aqueles que queiram conhecer a conquista da América espanhola.

DONALD W. LATHRAP, *O Alto Amazonas*. Lisboa, Verbo, [1970] 1975. Livro de divulgação de seus trabalhos.

FLORESTAN FERNANDES, *A organização social dos Tupinambá*. São Paulo/Brasília, Hucitec/UnB, 1989. Ainda a melhor síntese do material dos cronistas sobre os Tupi da costa nos séculos XVI e XVII.

MADU GASPAR, *Sambaqui: arqueologia do litoral brasileiro*. Rio de Janeiro, Zahar, 1999. Para quem quiser conhecer os habitantes do litoral antes dos Tupi-Guarani.

MANUELA CARNEIRO DA CUNHA (org.), *História dos índios no Brasil*. São Paulo, Companhia das Letras, 1992, em especial artigo de Anna C. Roosevelt, "Arqueologia amazônica". Para aqueles que quiserem conhecer os destinos dos índios antes e depois do Brasil.

MARIA CRISTINA TENÓRIO, *Pré-história da Terra Brasilis*. Rio de Janeiro, Ed. da UFRJ, 1999. Extensa e diversificada coletânea sobre as investigações arqueológicas no Brasil.

Agradecimentos

Este livro não poderia ter sido escrito não fosse o diálogo, a amizade e a colaboração com Michael Heckenberger e Eduardo Neves, aos quais agradeço os comentários e correções. Agradeço ainda a Maria Dulce Gaspar, cujas observações críticas enriqueceram a versão final, e a Carolina Pucu de Araújo, que acompanhou os últimos estágios de preparação do livro. Sou grato também a Gê Stancke e Marcus Vinícius Fernandes, do Museu do Índio, por me auxiliarem com as imagens, e a José Carlos Levinho, pelo apoio que sempre me prestou. As eventuais falhas, como de costume, são de minha responsabilidade.

Sobre o autor

Carlos Fausto é professor do Programa de Pós-Graduação em Antropologia Social, Museu Nacional, UFRJ. Nascido em São Paulo, em 1963, graduou-se em ciências sociais pela USP e obteve seu mestrado e doutorado em antropologia na universidade em que hoje leciona. É fundador e editor da revista *Mana: Estudos de Antropologia Social* e editor de ciências humanas da revista *Ciência Hoje*.

Desde 1988 desenvolve pesquisas junto a grupos indígenas, em especial entre os Parakanã, um povo tupi-guarani do interflúvio Xingu-Tocantins, no Pará. Dessa pesquisa resultou o livro *Inimigos fiéis: história, guerra e xamanismo na Amazônia* (São Paulo, Edusp, 2001). Publicou também artigos em revistas e livros especializados, bem como textos de divulgação científica. Editou com Yonne de Freitas Leite o número especial de *Ciência Hoje* intitulado *América: conquista e colonização*, de 1992.

Coleção Descobrindo o Brasil

direção: Celso Castro

A modernização da imprensa (1970-2000)
Alzira Alves de Abreu

O Brasil no império português
Janaina Amado e Luiz Figueiredo

Os intelectuais da educação
Helena Bomeny

A era do rádio
Lia Calabre

A invenção do Exército brasileiro
A proclamação da República
Celso Castro

O Estado Novo
Maria Celina D'Araujo

A belle époque amazônica
Ana Maria Daou

O livro e a leitura no Brasil
Alessandra El Far

O pensamento nacionalista autoritário
Boris Fausto

Os índios antes do Brasil
Carlos Fausto

Os brasileiros e a Segunda Guerra Mundial
Francisco César Ferraz

Rebeliões no Brasil Colônia
Luciano Figueiredo

Palmares, ontem e hoje
Pedro P. Funari e Aline V. Carvalho

A arte rupestre no Brasil
Sambaqui: arqueologia do litoral brasileiro
Madu Gaspar

As formas do espaço brasileiro
Pedro Geiger

Cidadania e direitos do trabalho
Angela de Castro Gomes

Negros e política (1888-1937)
Flávio Gomes

Código Civil e cidadania
Keila Grinberg

Como falam os brasileiros
Yonne Leite e Dinah Callou

Uma viagem com Debret
Valéria Lima

O nascimento da imprensa brasileira
Isabel Lustosa

Escravidão e cidadania no Brasil monárquico
Hebe Maria Mattos

Os evangélicos
Clara Mafra

O sindicalismo brasileiro após 1930
Marcelo Badaró Mattos

O período das Regências (1831-1840)
Marco Morel

Da Bossa Nova à Tropicália
Santuza Cambraia Naves

Arqueologia da Amazônia
Eduardo Góes Neves

História do voto no Brasil
Jairo Nicolau

O Brasil dos imigrantes
Lucia Lippi Oliveira

Política externa brasileira
Leticia Pinheiro

Ditadura militar, esquerdas e sociedade
Daniel Aarão Reis

A Independência do Brasil
Iara Lis C. Souza

Partidos políticos no Brasil (1945-2000)
Rogerio Schmitt

O Império em procissão
Lilia Moritz Schwarcz

Modernismo e música brasileira
Elizabeth Travassos Lins

A fotografia no Império
Pedro Karp Vasquez

Brasil de todos os santos
Ronaldo Vainfas e Juliana Souza